Maria Montessori

ASSOCIATION
MONTESSORI
INTERNATIONALE
AMI

MTC

Maria Montessori

EDUCATION FOR A NEW WORLD

新世纪的教育

蒙台梭利教育原著全译本

[意] 玛丽亚·蒙台梭利 著
郭景皓 译

中国发展出版社
CHINA DEVELOPMENT PRESS

图书在版编目（CIP）数据

新世纪的教育/（意）蒙台梭利著；郭景皓译．—北京：中国发展出版社，2013.3（2021.8 重印）

书名原文：Education for a new world

ISBN 978-7-80234-917-9

Ⅰ.①新… Ⅱ.①蒙… ②郭… Ⅲ.①儿童教育—研究 Ⅳ.①G61

中国版本图书馆 CIP 数据核字（2013）第 042662 号

本作品中文简体字版本由国际蒙台梭利协会（the Association Montessori Internationale，Amsterdam）授权中国发展出版社出版。原著首次出版于 1946 年。

书　　名：新世纪的教育
著作责任者：［意］蒙台梭利
译　　者：郭景皓
出 版 发 行：中国发展出版社
联 系 地 址：北京经济技术开发区荣华中路 22 号亦城财富中心 1 号楼 8 层（100176）
标 准 书 号：ISBN 978-7-80234-917-9
经　销　者：各地新华书店
印　刷　者：北京市密东印刷有限公司
开　　本：880mm×1230mm　1/32
印　　张：4.25
字　　数：63 千字
版　　次：2015 年 6 月第 1 版
印　　次：2021 年 8 月第 2 次印刷
定　　价：20.00 元
联 系 电 话：（010）68990642　68990692
购 书 热 线：（010）68990682　68990686
本 社 网 址：http：//www.develpress.com
电 子 邮 件：fazhanreader@163.com

Foreword

出版前言

蒙台梭利教育至今已有百余年历史，而在我国真正开始传播与推广，不过二十余年。在这短短的二十余年中，尽管对蒙台梭利方法的理解仍有很多困难、矛盾，尽管已成立的蒙台梭利学校存在诸多问题，蒙台梭利教育却广泛流传并遍及全国。正像蒙台梭利在她的著作《人的成长》中所言："蒙台梭利方法的传播比任何一种现代教育方法都快。……蒙台梭利方法就像是不断酝酿的酵母，又像是随风播撒的种子一样，在世界各地安家落户。"

蒙台梭利教育的秘密到底在哪里？要想彻底弄清楚，除了去追随她的原著，恐怕没有更简捷的路可走。而在我国，自1985年北京师范大学卢乐山教授编著的《蒙台梭利的幼儿教育》一书出版至今，翻译引进的蒙台梭利原著仍极不完整。此番中国发展出版社联合中国蒙台梭利国际教育培训中心（MTC），基于国际蒙台梭利协会（AMI）的授权与严谨审核，推出“蒙台梭利教育原著全译本”丛书，即是希望从基础的工作做起，帮助读者接触到真正的、完整的蒙台梭利原著；并希望有更多的研究者、实践者从基础的工作做起，懂得真正的蒙台梭利教育，传播、实践真正的蒙台梭利教育，为了孩子，也为了我们自己。

2012年3月

Montessori in China

蒙台梭利教育在中国

早在20世纪初，随着《蒙台梭利教育法》中文译本的出现，蒙台梭利教育即传入我国。当时我国著名的幼儿教育家陈鹤琴先生评价蒙台梭利说："她的努力和功绩，揭开了幼稚教育新篇章，使幼稚教育耳目一新。"1914年，江苏省成立了"蒙台梭利教育法研究会"。1923年，北京女子高等师范学校附属蒙养园开办了两个蒙台梭利班（1926年因人事变更而停办）。这些是蒙台梭利传入我国之初的情况。当时我国与世界其他国家同时接触了蒙台梭利教育，蒙台梭利教育一经引入，即受到国内幼教界的好评与欢迎。

然而，处于20世纪前半期的中国，战乱不断、社会动荡，幼稚园数量少、规模小、经费有限，无力采用为人称道的蒙台梭利教育。20世纪20年代初，蒙台梭利博士致函南京国民政府教育部部长，邀请中国派人赴罗马参加教师培训，并征集在中国采用该教育的报告及书籍。时任教育部部长蒋梦麟先生回复称“您的教具颇多，但不甚经济，中国多采用设计教学法，教材取自生活，不需购置教具”，又称中国没有实施蒙台梭利的报告文章及翻译的书籍等。教育部部长之言反映了我国当时的实情，蒙台梭利教育虽受到称赞，但未能传播开来。

1949年中华人民共和国成立，当时政府提出了“全面学习苏联”的方针，以苏联的学前教育模式改造中国的幼儿教育，将西方国家的幼儿教育思想及幼儿教育家视为资产阶级性质，持批判、否定的态度。蒙台梭利及其创立的幼儿教育法同样受到批判。对此的长期批判阻碍了人们真实地了解蒙台梭利其人及其教育；由于批判所持观点的偏颇，导致了蒙台梭利教育思想被诋毁和扭曲；在实践中禁锢了蒙台梭利教育，致使其无人知晓，更说不上采用了。

1978年以后，新的一页历史被掀开，学术界逐步走向务实，走向开放。打开了国门后，我国幼教界前辈——北京师范大学教授卢乐山先生从外部世界的幼儿教育中发现了蒙台梭利教育依旧存在并得以在世界范围内发展壮大。

1985年卢教授编著的《蒙台梭利的幼儿教育》一书出版。后来，人民教育出版社又相继翻译了蒙台梭利的四本专著，即《童年的秘密》《有吸收力的心理》《蒙台梭利方法》《教育中的自发活动》。同时，大学课程中对蒙台梭利思想的批判中止了，而代之以对蒙台梭利教育的客观介绍。

随着我国改革开放的推进，与境外幼儿教育同行的交流日益深入，至此拉开了蒙台梭利教育在我国幼儿园中应用的序幕，实验进展的成效渐渐影响开来。首先被吸引的是家长，他们希望自己的孩子也能接受这一良好的教育，渐渐地便有更多的幼儿园开设了蒙台梭利教育实验班。从沿海到内地，从大城市到中小城市，从单位办园、私人办园到教育部门办园，蒙台梭利教育在我国以惊人的速度普及，目前已遍及全国多个省、自治区和直辖市。

一些积极参加蒙台梭利教学研究的幼儿园，投身蒙台梭利教育的本土化研究，取得了显著成效，且仍在不懈努力地探索、研究与提高中。然而，有更多蒙台梭利培训机构由于师资欠缺或为经济利益所驱动，对蒙台梭利教育的理念领悟得甚为肤浅，成效寥寥。对蒙台梭利教育理念的大量误解，也在焦急渴求优秀教育方法的家长中流传。

2007年，继蒙台梭利的第一个儿童之家创立100年后，国际蒙台梭利协会（AMI）在杭州成立了中国蒙台梭利国际教育培训中心（MTC）。自此，国际蒙台梭利协会将秉承玛丽亚·蒙台梭利博士的教育理念，在中国开展一系列学术支持活动，这标志着更高水准的蒙台梭利理念开始在中国传播开来。

中国蒙台梭利国际教育培训中心

2012年3月

Brief Intro of Maria

蒙台梭利生平

在很多方面，玛丽亚·蒙台梭利都超越了她所处的那个时代。

她是意大利历史上第一位女医学博士，她是著名的科学家、女权主义者，现代教育史上最伟大的教育家之一，她是儿童的拥护者。她关于儿童成长与发展方面的发现，以及后来依据这些发现而发展起来的科学教育体系极具革命性。即使到今天，距蒙台梭利博士所创建的第一个儿童之家的成立已经一百多年了，她有关教育方面的理念仍具有独特的价值，鼓励着很多人去关注儿童，积极地为社会改革提供意见、方向和机会。

1870年，蒙台梭利出生于意大利安科纳省基亚拉瓦莱小镇。早在学生时期，蒙台梭利就对自然科学产生了浓厚的兴趣。1890年，蒙台梭利排除了重重阻挠在罗马大学注册研读医学。

毕业后，蒙台梭利在罗马大学儿童医院儿童心理诊所担任助理医师，着重服务于精神上有障碍的儿童。蒙台梭利观察到，那些孩子就像是“牢房里的囚犯”，她开始设法帮助他们。她给予他们一些东西，并留意他们的反应。通过细致的观察，她渐渐明白智力在很大程度上是教育的问题，而非医学的问题，并开始科学地创造和运用教具，利用这些教具辅助孩子们学习。孩子们的进步非常迅速，大多通过了规定的测试，有些孩子的表现甚至超过了正常的孩子。

1907年，蒙台梭利在罗马劳工区圣罗伦佐成立儿童之家，同那里的儿童一起工作。这些孩子来自穷苦家庭，但智力发育正常。通过观察和实验，她形成了初期的蒙台梭利教育原则：重复、工作和选择的自由。结果超乎寻常！这些孩子变得有礼貌、独立、自理并善于照顾伙伴。他们形成了自尊的意识，而在这之前，在他们身上是看不到这些品质的。他们不需要奖励，为内在的满足感而工作。儿童之家里的第一群孩子被称为“神奇的儿童”，引起了社会的广泛关注。

随后，蒙台梭利博士应邀建立了更多的学校。她发现：通过与环境互动，这些孩子精神上得到了“痊愈”。尽管一开始她自己也为这些孩子的成就（自发的写字和阅读、极度专注、内在的自律、寓乐于学）所震惊，但是通过持续的观察，她发现这些是所有孩子身上都有的正常品质和能力。此外，她发现，孩子可以进行自我教育。这一简单而又深刻的事实鼓励着蒙台梭利毕生都为教育改革而奋斗。

很快，欧洲的其他地方和海外纷纷建立起蒙台梭利学校。1913年，蒙台梭利博士首次访问美国。同年，贝尔和他的妻子在华盛顿成立蒙台梭利教育协会，对该协会鼎力支持的还有托马斯·爱迪生和海伦·凯勒。

1922年，蒙台梭利博士被任命为意大利政府的督学，由于反对墨索里尼法西斯主义，1934年她被迫逃往西班牙。1936年，西班牙内战爆发，她移居荷兰。1939年，蒙台梭利受邀访问印度，战争使她被迫停留在印度，直到20世纪40年代末。她在儿子马利奥的协助下，在印度主导了多次蒙台梭利训练课程，这些课程为印度的蒙台梭利教育活动奠定了坚固的基础。在那里，她发展出宇宙教育的原则和地球儿童计划。

鉴于她的教育工作为世界注入了新的理念，扩充了世人的理解，蒙台梭利博士于1949年、1950年和1951年连续三年获得诺贝尔和平奖的提名。

1952年，玛丽亚·蒙台梭利逝世于荷兰，但是通过国际蒙台梭利协会（AMI），她的工作得以延续。国际蒙台梭利协会是蒙台梭利博士于1929年成立的一个组织，旨在开展她的工作。自第一家蒙台梭利儿童之家成立，不计其数孩子的生活得以改变。在美国，私立蒙台梭利学校的总数超过5000所，200所以上的公立学校使用蒙台梭利式的教育课程。这是世界上最普及的教学法，目前在六大洲拥有超过28000所学校，造福从零岁到青春期的孩子。

中国蒙台梭利国际教育培训中心

2012年3月

Contents 目录

Part 12 纪　律

孩子穿梭不停，自由地找事情做，每个人都专心于不同的事情，然而整个团体表现得十分有纪律。其中的秘诀是：给孩子自由，就会有纪律。不需要成人来做行为的指导或顾问，只要给孩子工作的机会，而这些机会以前是被剥夺的。/097

Part 13 蒙台梭利教师的条件

我们提到的所有活动都是蒙台梭利教师在事先积极主动准备和指导的结果。之后教师的悠闲与被动是成功的标志，表示任务的顺利完成。蒙台梭利教师已经把他们的班级带到一个新阶段，在这个阶段他们可以说："不管我在不在，课程照常进行，这个团体已经完全自立了。"/107

Part 1

导　言

如果教育依旧是沿着老路仅仅传授知识，问题就不可能解决，世界则没有希望。只有对人格的科学调研才能拯救我们，使用得当的话，在我们面前将会是孩子完整的心灵、规模巨大的社会协作和名副其实的世界性力量。

本书的目的是为了详述和保护孩子非凡的智力，有助于教师树立一种全新的认识。这种认识将使教师的工作从乏味走向快乐，从压抑走向与自然和协。我们的世界已被撕裂成碎片，确实需要重建。这里一个首要的因素就是教育，对它的强调不只是信仰的回归，也是深刻思想的表达。然而，人性还没有为迫切需要的进化与没有战争的和谐社会的构建做好准备。人类没有受到足够的教育来控制大局，因而成为受害者。崇高的思想、伟大的悲悯情怀常常在言词中出现，可是战争仍没有停止！如果教育依旧是沿着老路仅仅传授知识，问题就不可能解决，世界则没有希望。只有对人格的科学调研才能拯救我们，使用得当的话，在我们面前将会是孩子完整的心灵、规模巨大的社会协作和名副其实的世界性力量。若是拯救和帮助来临，那将是从孩子而来的，因为孩子是人的建构者，也是社会的建构者。孩子具有一种能引导我们走向光明未来的内在力量。教育不应再是纯粹传授知识，而必须采取一种基本的路径来找寻人性潜能的释放。这种教育何时开始？我们的回答是人格的塑造应始于出生之时，这是一种对现实的断言，然而也惊人的神奇。

新生儿的心灵生命引起了人们极大的兴趣，科学家与心理学家已对出生三小时起至五天的婴儿进行了观察，得出的结论是生命的最初两年最为重要。观察证实小孩子生来具有特殊的心理能量，引出这些能量的新方法，也就是真正的教育——顺应天性、因势利导。孩子旺盛又活跃的建构能量是一种精神宝藏的矿脉，但数千年来无人知晓，如同人类的先祖走在地面对深藏地下的巨大财富一无所知一样。长久以来人们都不了解孩子心灵世界的丰富之处，自始都在压抑并践踏这些潜能。如今，第一次有人察觉到它们的存在，一种比金子更宝贵的未开发的宝藏——这就是人类的心灵。

对生命最初两年的观察丰富了对心灵建构法则的认识，它表明幼年时期与成人的心智是全然不同的。这开启了一个全新的局面：不再是老师教孩子，而是孩子教老师。

这看起来荒谬，却是事实，因为孩子有一种特殊心智可以自己吸收知识，自己教自己，它很容易从孩子的语言习得中获得证实，是一种了不起的心智成就。尽管没人教他，但是两岁大的孩子却能说其父母的语言。所有研究此现象的专家都认为，在生命的特定时期，孩子开始使用与其生活环境有关联的词汇，不久便熟悉了各种不规则的形态与句法结构，而这些对学习非母语语言的成人来说是相当困难的。心理学家声称，孩子的内在自我都有一个忠于时间表施教的严格认真的“老师”，这位“老师”能用三年时间使孩子掌握成人需花近六十年努力学习的内容。

科学的观察确定了教育并不是教师教出来的；它是人类个体自行实现的自然过程，通过在环境中的体验而不是听话来获得。教师的工作是准备一系列能引发孩子学习动机的文化活动，它在特定的环境中展开，并且避免外界的干预。教师只是帮助孩子完成重要的事情，能够见证人类心灵的完全展现，并看到一个全新的人出现。这个全新的人不再是教育的受害者，他拥有清晰的远见来指引构建人类社会的未来。

Part 2

蒙台梭利系统的发现与发展

最早的儿童之家在罗马的一些贫民区建立起来，收容三岁以上的小孩子。来参观的访客对四岁大的孩子能够读写感到十分惊讶。他们会问孩子："是谁教你写字呢？" 孩子抬起头不解地回答道："教？没人教我！是我自己学的！"

要改革教育必须从儿童入手。仅仅研究历史上的大教育家，如卢梭、裴斯泰洛齐或福禄贝尔等人是不够的，他们的时代已经过去。我也反对自己被推崇为本世纪最伟大的教育家，因为我所做的不过是研究儿童，表达他们传递给我的信息，这就是蒙台梭利教学法。充其量，我只是孩子的代言人。我的经验始于四十年前对智力有缺陷的孩子所作的医学与心理学研究，当时我想帮助那些孩子。当我从新的观点切入，设法与他们潜意识的心智合作时，发现他们仍具相当潜力，于是把实验范围扩展至普通孩子。最早的儿童之家在罗马的一些贫民区建立起来，收容三岁以上的小孩子。来参观的访客对四岁大的孩子能够读写感到十分惊讶。他们会问孩子:“是谁教你写字呢?”孩子抬起头不解地回答道:“教？没人教我！是我自己学的!”于是报纸上开始充斥“文化自然习得”的新闻，心理学家也相信这些都是禀赋优异的儿童。有一段时间我也这么认为，但延伸的实验很快证实所有的孩子都有这些能力，他们大部分的宝贵光阴都被浪费掉了，孩子受教育非等到六岁以后的谬误观念极大阻碍了孩子的进步。读与写是文化的基础，不会读写就无法学会其他内容，自然也不会进行口头表达。尤其是“写字”，一般都认为是枯燥的事儿，只适合大点儿的孩子。但我让四岁大的孩子认字母，将之前在有智力缺陷的孩子身上的实验应用在正常孩子上，我发现孩子对仅仅呈现差异较大的字母并没有留下什么印象。但当我将字母刻在木槽上，让他们来回触摸这些木槽，他们很快就认出了字母。即使是智力有缺陷的孩子，借着这种教具的帮助，经过一段时间也能写些字母。所以，我意识到对于尚未完全发育的儿童，触觉经验是一种很大的帮助，于是我制作方便的字母模型使他们能用指尖去触摸感受。当这些正常孩子有了帮助之后，令人吃惊的结果出现了：他们大约是九月中旬以后开始接触这些字母的，到了年底居然可以写圣诞卡了！快得真是做梦都想不到！接下来孩子开始提问与字母发音有关的问题；他们看上去就是吸取全部字母表的小机器，仿佛他们的大脑是真空的一样。这实在是惊人，但也容易解释。因为这些字母是一种刺激，图解了已存在孩子心中的语言，并帮助他分析自己所讲的话。当孩子只掌握了若干字母时，假如他想到一个生字中有的读音超过了他所学的，他自然地要提出来问。孩子有一种获取更多知识的内在渴望，并且自己开始拼出他会在交流中使用的词。不管多长多难的词，他都可以跟着老师听写，从活动字母里挑出所需要的。七岁或更大的孩子需多次重复才能正确掌握，但这些四岁的小家伙一遍就够了。这显然是由于特殊敏感期的缘故；其心智如同柔软的蜡，再过一段时期，对印象的敏感性就会消失。

随着儿童心智的进一步发展，书写现象就产生了。在了解到词是由其读音所组成的，之后借助活动字母的练习，孩子已能分析并组合出单字。他一遍遍地触摸字母模型，熟悉字母的外在形状，所以不经意间就开始书写，如同“说话爆发期”一样。当整个心理结构成形，时机成熟，全语言时期就到来了，不再像传统学校要一个字一个字地教。一旦他懂得了如何去写，他就能写出全部。他不断地写，不是冷漠地服从义务，而是依循内在炽热的渴望。他利用任何能拿在手里的东西来写，比如用粉笔写在地上或墙上；只要有空地儿，不管那里能不能写，他们都会去写，甚至写在面包片上。他们既可怜又不识字的母亲连纸笔都拿不出来，常来寻求帮助以满足孩子的需要。我们供给纸笔，于是发现孩子回到家也会写个不停，甚至写到睡着了，笔仍握在手里。

起初我们想给孩子们提供专用的横格纸，有双倍大的空间，然后再渐渐缩小：不久我们便发现任何间距的线格他们都可以写得很顺畅，甚至有的孩子喜欢写得像印刷的铅字一样小。最特别的是孩子们的字写得很漂亮，比小学三年级的学生写得还好。他们的手写体大致很接近，因为所触摸的是同样的字母，同样的字形已烙印在他们的记忆中。

现在这些孩子已会书写，可是仍不会阅读。这看上去非常荒谬，但再想想却不是。一般来说孩子先会读再会写，但我们的孩子先在脑子里分析词语，然后用字母拼图拼出这个词来，每个字母的读音都存于他们的大脑中。这种字母与语言连结的能力出现在孩子的敏感期，而语言又不停地倍增，现在又能用手经书写来表达，不仅仅是用嘴来说。但他现在还不能阅读，我们认为障碍来自印刷体与书写体的差异。我们正想给孩子介绍不同的字体，当他们自己阅读时就能克服这种障碍。这样就能认得各种印刷体，甚至日历上的哥特字体。在开始拼字五个月以后，孩子心中另一种强烈的渴望促使其努力了解那些不懂的字义。他所做的如同科学家研究史前的碑文一样，从仔细观察和比较中找寻未识的符号的意义。新的火焰在孩子的胸中燃烧。父母抱怨带孩子散步时，小孩会在每个小商店前停下来辨识招牌上的字。快到六岁时，他们的小孩就能读书了。

数学领域是文化的另一种侧面，它不像书写那么容易解释。对于数学我们有三种理念：

1. 算数——数字的科学
2. 代数——数字的抽象
3. 几何——抽象的抽象

与孩子相处的经验使得我们早早让他们将三者综合起来学。这样帮助大、效果好；这就如同在一个支点上求平衡，不如三足鼎立来得稳固。例如在介绍数量时，我们将数量（个、十、百、千）结构成几何的形状（点、线、面、体），同时数学教具的设计也体现出这三种理念。幼儿在学习数字与几何的特性方面表现得相当有兴趣，且十分热衷。不久，这些量的抽象性与彼此的关系可用代数的方式表达。这又是令人惊喜的事，因为刚开始孩子并不像学语言那样有兴趣。一般认为孩子喜欢语言，不喜欢数学，因为后者既枯燥又抽象。我们把数学限于10以内的四则运算，事实上这就是偏见。是孩子自己揭开了真相。大点儿的孩子学习十进位系统时，五六岁的学得很有兴致，尽管他们认得的数字不超过10。出乎我们意料的是，四岁大的孩子也有兴趣要学，三个孩子可以在一起进行百万的运算活动，我们不得不教给他们代数与几何。如果这些是以具体的实物来操作，孩子表现出很大的乐趣。最近有个孩子自己弄会了三项式 $(a+b+c)^3$之后，他自己揣摩：既然可以用a和b，为什么不用其他的字母呢！孩子是不愿被限制的。

这个活生生的引人注意的新变化并不像语言那样有发展的开端，我们无法在变化显露前找出它的起源，所以只好归因于一种早期对数学的特殊倾向。我们观察到行为不仅引起兴趣，而且还引起追求精确的积极性。动机越复杂，孩子的积极性越高。这种准确性不仅体现在动作和一些需要仔细计算的练习中，也体现在对一朵花或一只昆虫的观察中。这是一种追求准确和细节的特质，而它会产生数量的精确。算数是一种抽象活动，因此也把准确性带至抽象的层面。孩子由具体的实物开始，渐渐走向抽象的数字，从那里进入更抽象的代数阶段，他仔细学习实物、抽象和代数三个层次的知识，着迷于完成这些数字的游戏。我们深得大哲学家兼物理学家帕斯卡（Pascal）的启示，他也潜心研究过数学，他断言人类的心智具有数学的特性，人类的进步就是循此发展的。这种说法引起普遍的认可，因为在一般教师的实践经验中，数学是最令人反感的科目。现在连幼儿都能证明帕斯卡是对的！如果我们进一步来看他的话，帕氏认为整个人类的行为都是围绕环境发展的，而这种活动总是在愈加精确的限定中。这种精确性只能借心智完成，所以证明我们的心智确有这种数学特质。从历史上来看，人类的心智致力于环境的改善，并用来解释他周围的事物及其所产生的现象。要成就这些，就需要准确了解这些事物，并且处于精准的核心。两百年前，帕斯卡就发现了这种精确性是人类心智的一个基本特性。

至于疲劳问题，六岁以下的孩子揭示出引人注目的事实。在一般学校里，孩子在学习中很快就疲倦，难以教导，所以提早入学是一件残酷的事，爱护孩子的父母希望小不点儿除了玩和睡以外什么都不做。但有明显迹象显示，孩子自己非常厌烦这种安排，而以各种顽皮的方式积极对抗。我们在与三至六岁、甚至更小的孩子相处中发现他们不仅没有学习疲劳的问题，事实上反而显得更有精神。并不是所有的活动都引起疲劳，例如当我们吃东西的时候，我们的上下颚、牙齿和舌头不停工作，其结果是带来能量的更新；为了使身体强壮，我们自然而然地需要锻炼肌肉。孩子的心智发展也是这样的。他们不仅看起来不知疲倦，而且实际上通过积极的思考他们获得了力量与健康。造物主赐给孩子的天性就是让他们接受文化的熏陶，但我们的社会反而借由玩耍和睡觉在他们的“敏感期”摒弃他们。孩子是不会停止获取知识的，如果真的没有什么可以获取，他只好借由玩具来满足。心理学家认为孩子必须游戏，因为通过游戏他才趋于完善。他们也承认孩子是在吸收一个特殊环境，缔造了过去与未来之间的历史联系。他们的结论是：我们只需观察，不要打搅；孩子就是借游戏与生活吸收现实，不需帮助，任凭他们自己。但是孩子如何在如此复杂的世界里获取文化？难道就是玩玩具、塑沙堡吗？所以在这里有巨大的矛盾，一方面说在吸收期与孩子的沟通很重要，一方面又让他独自玩耍，以建构并发展自己的能力！游戏已经变为神秘的事情，严肃高尚的人们也会向塑沙堡的孩子致以敬意。但是真正的逻辑是：如果三至六岁的孩子确实有自然的倾向可以轻松获取文化，我们就应把握时机，在孩子身边准备一些他们能逐步获取文化的材料。当我们在他的环境中放置使其模仿周围的成人的物品，完善获取的方法已在第一阶段实现，我们就是在帮助他适应现今复杂的文化。我们给的东西不仅是和洋娃娃与锡兵一起出售的纯玩具。孩子会喜欢哪一种？当蒙台梭利教具一摆出来，孩子争先取用，热切的程度令人难以置信。这些饥渴的心灵曾被撇在孤寂的环境中，既茫然又无助。发现有助于他们成长的事物，他们就像饥饿的狮子一样扑上去，吞食一切能助其成长的东西以融入这时代的文明。

面对孩子内在如此巨大的能量及其对人类的重要性，我们必须留心观察，寻找合适的途径来帮助他们。与其盲目相信游戏的魔力，不如让孩子建立信心。我们必须创造一种实用的科学来运用那些不易识别的内在能量。

Part 3

吸收性心智的阶段与本质

我们把这种心智叫做“吸收性心智”，并且很难想象其影响有多大！我们以失去它为代价，获得了完整的人类意识；这是相当沉重的代价——从“神”变成“人”！

新观念以生命为其自身功能的中心，并且改变了以往教育的理念；学校不再是一个隔离的世界，孩子也不应与世隔绝、受到过度保护。生命应接受适当的保护，必须怀着同情心来研究生命的法则。从孩子出生的第一年就开始观察的心理学家，发现人格的建构与塑造就始于这个时期。就心理层面来说，出生时是一无所有，一个零！事实上不仅是心灵，孩子刚出生时肉体也几乎是瘫痪的，不能做任何事；但经过了一段时期，孩子开始说话、走路、一关一关地征服，直到塑造成一个具有力量和智慧特质的人。孩子内在的巨大力量，除了我之外，还吸引了其他许多科学家的注意，这个力量原本在母亲的庇护下。因为以往大家都以为孩子说话、走路都是母亲教的，其实不是；这是孩子自然学会的。母亲生出的不过是小婴儿，是这小婴儿自己建构成为“人”，尽管母亲可能会过世或无法给孩子喂奶。甚至孩子的“母语”也未必是从母亲那儿学的，因为孩子可能出生在外国，能讲流利的当地语言，而他的父母可能还无法讲得十分地道。所以这种语言技能不是遗传的，既不是因为父亲，也不是由于母亲，而是孩子自己利用环境中的一切资源来塑造的。

根据追踪研究孩子从出生直到大学的成长过程的现代心理学家的发现，在孩子成长过程中存在一些相当不同且各具特色的阶段，而这些心理发展的不同阶段与身体发育的不同阶段惊人吻合。改变是如此明显，以至于有心理学家夸张地强调说“成长是一连串的诞生”。这似乎是在生命的某个时期，某个心理的自我不复存在，而另一个又诞生了。第一个阶段从出生到六岁左右，尽管变化显著，但从始至终心智的形态是一样的。它又可分为两个次阶段，分别是从零岁到三岁，以及从三岁到六岁。前一阶段的心智形态是成人无法介入与影响的；至于从三岁到六岁的阶段，其心智形态开始可以介入了，但须以某种特别的方式。这段时期的特点是个体变化明显，从柔弱无助的婴儿变成跑跑跳跳、能说会唱的孩子，六岁大孩子的心智状况已经可以适应入学了。参考这里的提示，孩子稍早也可以入学，但六岁是一个时间点，与生理的变化对应，例如乳牙开始更换。从六岁到十二岁就是纯粹地长大，没什么转变，平静与柔顺是这个阶段的特点。第三个阶段是从十二岁到十八岁，这又是一个大转换期，包括生理与心理两方面。好像世界各国都有不约而同的共识，到了十二岁时就要升学换到新的学校，以符合新的心智层次。在第三阶段，孩子的个性变得不太稳定，总是不守规矩且有些叛逆。但一般的学校对这些反应并不在意，只管照着课表上课，惩罚叛逆行为。他们到了十八岁可能就读大学，课业更加繁重，但方法上没有本质的差别，因为学生仍是坐着听讲以获取一个常令人怀疑是否有用的学位。虽然生理已经成熟，但多年的研读学习并没有形成一个具有意志与判断力的人。只有实际的工作与经验才能帮助他们走向成熟。即使在纽约的街头，你可能看到青年知识分子在游行，打着横幅高喊:“我们失业了！我们没饭吃！”这是对社会强有力的控诉，尽管社会为他们的教育投入了很多。

许多爱思考的人一想到新生儿的无助，就惊奇于为何拥有最崇高智慧的人类需要如此漫长且艰辛的婴幼儿期，而其他动物却不必如此。许多人禁不住要问婴儿期到底是怎么回事。这的确是一种心灵创造，对个体来说是从零开始。婴儿并不像小猫变大猫一样，从尚未成熟的喵喵叫直到逐渐长大；也不像小牛、雏鸟的叫声愈来愈响亮就长大了。对于人类来说，这不只是一个发育的问题，而是一个从无到有的创造问题。小小幼儿迈出了巨大的一步，这种大幅的迈步成人便不会再有了。幼儿的心智与成人大不相同，它拥有巨大的天赋。事实上孩子的这种创造不是一般的成就！他不仅创造了语言，更创造了使之开口说话的器官。他创造了各式身体的动作，各种智慧的表达。

这一切并不是受意愿的主宰，而是由潜意识所完成的；这是一种不可思议的智慧，所有的物种都拥有，即使昆虫也由造物者赋予了相当程度的智慧。孩子奥妙的创造工作就是通过这种潜意识完成的。借由如此神奇敏锐的力量，从某种程度而言，如同照相机的底片，自动摄取微妙的细节。孩子所处环境中的事物引起了他强烈的兴趣，这是一种穿透整个生命的积极性。这种潜意识力量可以察觉得到。我们必须承认孩子一生下来就有听觉，因此他能听得到人的声音。可是环绕他的声音有千万种，为什么单挑人的声音来模仿呢？因为人的语言在其潜意识中留下了特殊的印象，引发了一种特殊的感情与热忱，使看不见的肌肉纤维产生共振，以复制类似的声音，而其他的声音则无法引起这样的冲动。这正是幼儿吸收语言的方式，并构成他心理人格的一部分，这就是其母语，明显有别于其他日后下工夫学来的语言。这是一种孩子的心理层面的化学作用带来的深刻变化。这些印记不仅进入孩子心智而已，它们也建构心智，成为心智的一部分，即“肉身化”(incarnate)，因孩子利用环境中的事物建构了他的“精神躯体”(mental flesh)。我们把这种心智叫做“吸收性心智”，并且很难想象其影响有多大！我们以失去它为代价，获得了完整的人类意识；这是相当沉重的代价——从“神”变成“人”！

Part 4

胚胎学

截至目前，胚胎学研究的发现是：只有一个预设的建构计划富有理性与智慧。如同一个人要建造一栋房屋必先累积砖块一样，当细胞分裂累积到一定数目时，就开始筑成三道外壁，然后在壁内形成器官。

要进一步了解吸收性心智的秘密，我们就应研究产前的生活及胚胎的情况。最近生物学的研究有一种新的趋势，以往研究动物或植物，采样大都来自成熟的个体，在社会学中研究人类也是如此。如今科学家试图采取相反的方向来研究人类以及其他生物，即针对幼小的以及初始的生命来取样。所以胚胎学逐渐受到重视，胚胎细胞的生命是两个成人细胞结合产生的。孩子的生命始于成人，也终于成人，这是生命的历程。

自然为幼小的孩子提供了特别的保护。例如孩子是在爱的召唤中来到世上的，他既是出于父母的爱的结晶，出生后又被父母的爱所围绕。这种感情是先天的，不是出于理性的要求，与所有有思想的人士（指慈善家、宗教家或社会运动人士）渴望唤起的同胞之情不一样。只有孩子生活领域中所经历的爱，才是人类道德的理想境地，这是一种自我牺牲、无怨无悔奉献的爱。父母所做出的牺牲是十分自然的，愈奉献愈觉快乐，一点也不认为是牺牲；生命的本性就是如此！这种生命的形式比“适者生存”的竞争形式要高尚多了。稀奇的是，在动物界中这两种形式都有，最凶猛的动物在孵育了下一代以后，性情就发生了改变。这是在本性之外的一种特别本能，使原来只顾自我的胆小的动物，会变得完全奋不顾身地保护自己的儿女。所以法国的大生物学家法布尔归结说物种之所以延续，不仅是因为有天赋的自卫武器，更由于这种伟大的母性本能。何况幼虎不是还没牙齿、雏鸟尚无羽毛呢？低等动物保护幼小一代时所显出的智慧则更令人惊叹。

上个世纪（指19世纪）的科学家曾认为，在人的胚胎细胞里面有一个已成形的小人儿，只待日后成长，一如其他的哺乳动物；他们还争论这个小人儿到底是来自男性还是女性的卵细胞。显微镜的发明使进一步的研究成为可能。他们不情愿地接受了这个结论：原来胚胎内并不存在任何先天的、人的雏形。卵细胞一分为二，由二变成四，借由不断地繁殖形成了胚胎。截至目前，胚胎学研究的发现是：只有一个预设的建构计划富有理性与智慧。如同一个人要建造一栋房屋必先累积砖块一样，当细胞分裂累积到一定数目时，就开始筑成三道外壁，然后在壁内形成器官。这种器官形成的方式十分特别。它先开始于一个细胞、一个点，然后环绕这个点的细胞加速分裂。当这种加速分裂停止时，器官就形成了。此现象的发现者这样解释：形成器官的区域涵盖有许多敏感点。器官原先独立成长，好像每个器官只以建构自己为目的；当它们剧烈活动时，细胞围绕着中心结合，仿佛充满着它们的理想，它们不断地自我改变，与周围其他的细胞愈来愈不相同，呈现出一种特别的器官的形态。当不同的器官各自独立地完成生长时，一种力量使它们相互结合在一起，彼此互相依存，缺一不可，婴儿就在此时诞生了。循环系统联系全身的器官，然后神经系统完成整个联结。这里所显示的建构基于一个热切点上，由该点促使生长的完成；一旦器官完成生长，它们必然会联系与结合，显出一个独立的生命体。所有高等动物都按照这个步骤——自然界中唯一的步骤成长。

似乎人类的心灵也循此发展。它也是从零开始的，新生儿的心理层面没有任何现成的东西，心灵的器官也是围绕着敏感性产生的；这也是材料的累积，是由吸收性心智所完成的。当累积到一定程度后就会出现许多敏感性，其强烈程度是人们无法想象的，语言的获得就是一例。由敏感性所造成的不是心灵的发展，而是产生了发展心灵所需的器官。同样，心灵器官原先也是各自独立发展的，例如说话、判断距离、辨认方向、双腿直立的能力以及其他协调运动等。每个器官皆围绕着一个特定的方面发育，促使孩子产生一系列的行为。一旦器官形成之后，那种敏感性也就消失了。当所有器官生成之后，他们就结合起来成为心灵的实体。

如果我们不了解这些敏感期及其发生的顺序，我们显然就不明白孩子的心灵是如何建构的。常有人争辩说，以前的人不懂敏感期，同样培育出了健壮的后代；但是要记得，我们生活在高度文明的时代，许多天性与本能受到了极大的压抑。原先一个生活朴素的母亲仍然本能地帮助孩子在敏感期成长，走到哪里就把孩子带到哪里，提供孩子所需要的环境，且用母爱保护他。但现今的母亲在很大程度上失去了这个本能，人性也趋向退化，所以研究母性本能与研究孩子自然成长的重要性是一样的，因为两者是相辅相成的。母亲必须回到天性的一面。就像已经有了帮助、保护孩子身体成长的方法一样，科学也一定要找到帮助、保护孩子心灵成长的方法。母爱是一种力量，理应受到科学家的重视，从此使母亲们重拾失去已久的本能。我们必须教给母亲这种知识，让她们可以在孩子一出生就给予他们心灵的保护，无需送至干净整洁的卫生院或交给受过专业训练的护士进行十分讲究卫生的护理。事实上，受这样照顾的孩子，可能死于精神困顿或心灵匮乏。这骇人听闻的事确实发生在荷兰的某一城市，有机构开始教低收入的父母如何健康地抚育孩子。有些失去父母的孩子被安置在有完善的条件、营养的伙食且有受过最新观念训练的护士照顾的环境中。然而暴发的疾病导致其中许多孩子死亡，但是被父母带来诊所的穷人家的孩子反而免于遭受疾病，明显比那些妥善照顾的孩子健康！所以医生意识到他们缺乏某种重要的条件，并做了一些补救。护士开始按照母亲对待孩子的方式，抱抱他们，与他们玩，像那些对科学护理一无所知的母亲一样，由发自内心的爱所引导，并且不再给予他们过多的社交隔离保护；那些孩子终于又恢复健康，露出笑脸。

Part 5
行为主义

蜜蜂传播花粉是另一个熟悉的例子。我们从行为主义的角度来看，动物为了生命的其他形态而自我牺牲，不仅仅是为自己的生存。动物本身并不知道其生存与地球生态的关系，但更高层次的生命、地球的表层、空气与水的净化皆有赖于它。

不论是最新的发现还是据此发展的理论，都不能完全解释生命的奥秘及其发展，但它们却可以帮助澄清事实，让我们看见了成长是如何发生的。可以确定的是，建构的计划是唯一的，各种动物的生命都循此发展。这个方式必不可少地追溯到胚胎期，可以追踪儿童心理的发展，也可以从社会现象中发现。动物早期的胚胎都很类似，不论人、兔子还是蜥蜴，这是很有意义的。脊椎动物的成形都经过类似的历程，但当胚胎的发育完成时，其间的差别就很大了。有一件事可以断定：新生儿是一个心理胚胎，出生时每个孩子都是相似的，所以在心理胚胎成长期和心灵的成形阶段需要相同的对待与教育。不论他们将来成为什么样的人，罕世天才或是工人，圣贤或是罪犯，都要经过同样的发展过程。因此，早期教育必须是一样的，并且由自然天性决定，它已将一些特定的元素注入到成长的个体中。当然以后会显出个体差异，但并不是由我们引起的，我们没有能力这么做。有一种内在的个性、一种自我是自然而独立地发展的，我们仅能帮助一个可能成为天才、普通人或者艺术家等的人实现自我，为他除去成长路上影响实现自我的障碍。我们已经确立敏感点存在的事实，器官就是环绕着敏感点形成的，然后出现了循环系统与神经系统进行联结与整合。但是科学无法进一步解释生命体形成的事实，以及如何成为自由、独立、有个性的个体。

1930年，美国费城的一项生物学研究发现与现行理论完全相悖。研究发现，大脑的视觉神经中枢是在视觉神经之前形成的，更早于眼球的形成。由此得出的结论是：动物的心理形态先于生理形态。每种动物的本能、自然的习性都已在成形之时确定。如果这种心理部分是先在的，就意味着生理部分完成自己的建构，使其符合心理需求，符合其本能；动物的肢体与器官不论种类，都是最适于展现其本能的。这种新的理论就是行为主义，它与旧的观念——动物为了适应环境而采取某种习性——是相对的。以往的观念认为，为了适应生存环境，成年个体的意愿激发了身体结构的必要改变。经过数代的逐渐演变，形成了完美的适应能力。新的理论并未完全否认这些，但把动物本能的习性或行为放在核心地位。只有在其能力范围的扩展，才能显现适应环境的效果。我们可以在牛的身上发现一个例子。牛是一种壮硕、结实的动物，其进化史可从地质学史上追溯出来。当地球覆盖着植物时，它就出现在了地球上。有人会问，为什么牛会以青草这种最难消化的食物为生，正因为如此它需要发展出四个胃来消化。如果只是为生存的问题，吃别的东西可能更容易，因为产量也很多。但数千年过去了，我们仍看见牛在自然的情境下依然只吃青草。仔细观察，你可以看见牛会在靠近根部的地方将草咬断，但并未连根拔起；仿佛它们知道青草需要这样“修剪”才能使地下的根茎长得好，否则很快就要枯死。而青草又被发现对植被保护有相当大的重要性，因为它能防止水土的流失。不仅稳固、保护土壤，而且使土壤肥沃，适合其他植物生长，这是草本植物在自然秩序中的重要性。除了割除之外，还有两件事对草本植物的生存也很重要：一是施肥，二是负重滚压。有哪一种农用机械能将这三件事情做得比牛更好？这种美妙的“机器”除了有助于草的生长以及保护土壤之外，还能供应牛奶。所以奶牛的行为似乎是为着保护自然而存在，正如乌鸦与秃鹰以腐肉为食，是自然界的清洁工。

从数百个动物选择食物的例子所得到的结论可以证实：

动物吃食物不仅仅是为了满足自身，而是为了完成一个使命；不论生物还是非生物，在所有成员的合作下营造出整体造物的和谐。还有一些生物以极端的方式吃食，不纯粹是为维持生命。它们不是为活着而吃，而活着就是为了“吃”，例如蚯蚓，它每天吃几乎是其体积两百倍的泥土。达尔文第一个发现，如果没有蚯蚓，地球就不会肥沃。

蜜蜂传播花粉是另一个熟悉的例子。我们从行为主义的角度来看，动物为了生命的其他形态而自我牺牲，不仅仅是为自己的生存。类似的情境在海洋中也可以发现，有些单细胞生物的功能如同过滤器，除去水里的某些有毒盐分，为达成此种功能，它们要喝巨量的水，如果以人的比例来说，约合每一分钟要喝一加仑的水！动物本身并不知道其生存与地球生态的关系，但更高层次的生命、地球的表层、空气与水的净化皆有赖于它。从这里可以清楚地发现，似乎有个既定的计划存在，动物器官的构成就是为完成此计划，生命的目的就是为服从这“隐藏的命令”，它使万物和谐并创造出一个更美好的世界。这世界并不是为我们的享受而创造的，我们的存在是为了宇宙的进化。

我们将人类与其他动物作比较便会发现许多不同，主要在于人类不具有特殊的运动方式，也不拥有特定的栖息地。所有动物中，人类最能适应各种气候：热带或极地，沙漠或丛林；人类可以自由地去他所喜欢的地方。人也能从事最多样化的运动，而且能用双手做事，这是其他动物所不及的。人类的行为似乎没有受到什么限制，他是自由的。人类有种类丰富的语言，他能走、能跑、能跳、能爬、能舞、能像鱼一样游泳。然而在孩子出生的时候，这些能力均不具备，须在出生后一一克服。孩子刚出生时不具有行动能力，几乎是瘫痪的，通过练习学会了走路、跑步以及像其他动物一样攀爬，但必须靠他自己的努力。他不仅获得人类所有的能力，远超过其他动物，而且调整自己去适应他所要面临的气候、生活环境以及文明社会愈来愈复杂的要求。假如人类如同动物有固化的行为，那么就难以适应新的环境；这种适应的工作，造物者似乎只交付给儿童来完成，成人已不易适应。成人视自己的乡土为地球上最美好的地方，即使那里有再多的不完美；他们永远无法完美地掌握一种外语的口音，即使这种语言比他的母语更加简单。成人可能喜欢某个环境并且记住它，而孩子却将它不知不觉地吸收了，将其作为构成内在心理的一部分。孩子会将所见所闻融入自身，语言是个明显的例子。心理学家将这种记忆称为“牧内美”(Mneme)，它的任务是为个体建构一种行为，不仅适应其所属的时间与空间，而且适应所在社会。成人发现自己常带着感情与偏见，尤其在宗教方面，也许他们的理智会拒绝，可是他们很难完全摆脱，因为这些已经成为自身的一部分，如同常言所说“血脉相连”。

由此可见，如果我们要改变一个国家的风俗习惯，或希望突出某一民族的某些性格，我们必须以孩子为媒介，从儿时开始，因为在成人身上所能改变的太有限了。要改变一个世代或一个国家，变好也罢，变坏也罢，要唤醒宗教或提升文化，我们都必须依靠孩子，他们具有无比的能力。这个真理已由最近的纳粹法西斯加以证实，他们改变整个民族的性格就是从儿童入手的。

Part 6

教育自出生开始

婴儿应被当作一个由出生前到出生后连续的胚胎生命。这一过程被一重大事件中断，那就是分娩，之后生命便投入一个全新的环境。这种改变对生命本身是可怕的，如同一个人从地球到了月球上。

新生儿未发育完全，即便身体的发育也是如此。新生儿尚只有软骨组织，无法行走；保护大脑的头盖骨，应该十分坚硬，但也只有部分长成；更重要的是神经系统尚未完全长成，因而缺乏中枢导向，器官之间也无法构成整体，所以尚不能运动，虽然其他生命几乎出生后就能立即走动。事实上，婴儿应被当作一个由出生前到出生后连续的胚胎生命。这一过程被一重大事件中断，那就是分娩，之后生命便投入一个全新的环境。这种改变对生命本身是可怕的，如同一个人从地球到了月球上。但是远不止如此，为了迈出这巨大的一步，孩子要付出相当大的努力。当婴儿出生时，人们一般只想到母亲的痛苦，但孩子经历了更大的考验。他虽然已有一个精神层面的生命，但还没有发育完全。他还没有思维的能力，因为他先要把它创造出来，所以尽管身体尚未完全发育，但这种心理胚胎必须发展自身的能力。

这个生来没力气、又不能移动的个体，一定有天赋的行为引导其行动。在其他动物身上的这些本能在幼体出生接触外界环境时即被唤醒；而人类的却是在建构与行动对应的器官的同时由心理胚胎来构建。当这一切发生的时候，身体正逐渐发育，神经系统的联络趋向成熟，头盖骨也硬化了。

小鸡一出蛋壳，就等着母鸡教它们如何啄食。它们很快就和其他小鸡一样了。这是小鸡的习性，像它们的先祖一样，小鸡长大后也是如此。但是人首先需要发展他的心灵，而且必须与其所处的环境和不断演化的社会相契合。所以造物者让智力发展优先于神经系统的发育，已谨慎地让身体处于不运动状态。如果精神生命把它的环境内化(亦即将个体生存的环境吸收、融入，成为自己人格的一部分)，智力定会先行观察研究，搜集大量的感官印象，如同生理胚胎在构建器官前先累积大量的细胞一样。所以生命的初期一定要从环境中储存印象，这也是心智活动最频繁的时期，从环境中吸收一切事物。大约在两岁之前，生理的发育基本完成，动作习惯开始形成。以前人们认为幼儿没有精神生活，但现在我们了解到幼儿一岁前唯一活跃的部分是大脑！婴儿的主要特征就是拥有智力，不像其他动物只唤醒了行动的本能，孩子的智慧呈现了可追溯的数百万年来的人类文明的进化；并且还有数百万年在前方等着他，现在的他既没有局限于过去也没有受制于将来，更没有一个瞬息是相同的。人类的这些特质是无可限量的，然而其他动物却共有一个限定的特性。当然，这种人类的精神活动一定开始于某种神秘的形式，目前能够证明始于出生之前，因为我们发现初生婴儿的意志是那样顽强，他们拥有创造各种能力的可能性，并且能适应各种环境。

如今心理学家深受他们所称的“出生的艰难冒险”（the difficult adventure of birth）影响，认定初生的婴儿一定经受了相当大的惊恐。有一个应用在心理学方面的科学术语叫做“出生恐惧”（birth terror），这不是一种有意识的恐惧。如果你快速地把婴儿放入浴盆内，或者将其放置于强光下，且以不舒服的方式抱住他，这时他一定会感到害怕。造物者赐给母亲一种本能，让孩子尽量靠近其身体；分娩时她已用尽全身力气，所以她自己需要安静，也给孩子所需要的安静，用她的体温温暖孩子，并且使孩子远离外界的影响。母猫将其幼子藏在黑暗的地方，保护它们不受外界的干扰；但大多数做母亲的反而丧失了这种自然本性：孩子一出生，就有人赶快为他洗澡、穿衣，将其抱到光亮的地方分辨他眼睛的颜色，基于忽视而让他一再经受冲击和惊恐。如今人们认识到这样的“出生恐惧”会导致后来性格发展上的缺陷，在孩子的心灵中产生一种转变，不是向正常转变，而是相反。产生的缺陷包含在所谓的“心智倒退”（psychic regressions）现象中，其特征是从生命中退缩，似乎仍依附着出生前的某些东西，对这世界感到厌恶。婴儿长时间的睡眠是正常的，但睡得太长就有问题了，这是“心智倒退”的症状。另一个症状是睡醒时习惯性的哭，或是常做恶梦；有时是过度依赖某个人，通常是依赖母亲，害怕自己独处。这样的孩子很爱哭，总是让人帮助他，显得无精打采、忧郁、胆小。很明显，这样的个体在生命的奋斗过程中处于劣势；他们缺少喜乐、勇气与正常的幸福。我们可在意识层面上忘却，但是铭刻在潜意识中的印象却成为个体的特征，这是存在于人性中的一大危险。一个没有受到妥善照顾的孩子，将构成一个孱弱的个体，成为文明进步的障碍，以此报复社会。

与倒退现象相对的，就是正常孩子所表现出的强烈的独立倾向，其发展是不断地克服阻碍，一步步获得更高层次的独立。提供这种冲劲的活力叫做“荷尔美”(Horme)，可比作成人的意志力量，但意志力量与之相比小多了，且仅限于个人；而荷尔美隶属于普遍的生命，是一种作用于进化发育的神圣力量。在正常成长的孩子身上，荷尔美明显表现出热诚、快乐和生命的愉悦。婴儿出生时离开母体，脱离桎梏获得独立。他有冲劲要面对并战胜环境，但这个环境必须对他有吸引力。他所感受到的也许是对客观环境的爱。他最先运用的器官是感觉器官；正常的孩子获取每一件事物，但还不懂得分辨声音之间、物体之间的差异；首先他纳入世界，然后再进行解析。

在孩子六个月大的时候会出现某些现象，它们是正常成长的标志。生理变化方面：胃开始分泌消化食物所需的酸液，第一颗牙齿出现了，这是迈向独立的又一大步。与此同时，他开始发出第一个音节，这是语言发展的第一块基石。不久他可以表达自己，无须倚赖别人揣测他的需要，这又是迈向独立的一大胜利。在一岁左右，孩子开始走路，这又使他获得了另一种自由。这一连串的步伐使其获得自由，但这不是意志可以决定的事。独立是造物者的恩赐，引领孩子走向自由。

获得独立行走的能力是非常重要的一步，也非常复杂；连同获得语言和辨识方向的能力一起，都发生在生命的头一年。低级动物固然一出生很快就会行走，但是人的建构更加精致，需要花费的时间也就更长。双腿直立行走的力量取决于小脑的发育，这是第一个因素。在孩子六个月大时小脑发育迅速开始，一直持续到孩子十四个月左右。与此完全同步的是，孩子在六个月大时可以坐起来了，九个月大时开始爬行，十个月大时可以站立，并且在十二至十三个月大时可以行走，十五个月大时就走得很稳了。学会走路的第二个因素是某些脊椎神经的发育完成，小脑的信息可以传达到肌肉；第三个因素是脚部和头盖骨的骨质结构完成，摔倒时不致伤及大脑。

时机未成熟以前，没人可以教孩子走路。这是造物者的指令，我们必须服从。然而在孩子开始走和跑时，想让他们安静下来都是徒劳的，因为造物者安排每一个发育完成的器官都要使用。与此类似的是，一旦孩子开始学说话，他们就喋喋不休，想让他们停下来是一件困难的事。如果孩子既不会走路也不会说话，他就会在成长中受到束缚，所以必须让他自主行动，鼓励他独立。心理学家认为，个体行为是通过在环境中实践而获得确认的，因此教育的首要任务是为孩子准备一个有助于锻炼其天性的环境。这不仅仅是一个让孩子高兴的问题，而且是与孩子天性的需求相和协。

对儿童的观察表明，在正常的情况下，他的确有自由行动的意愿；他想要搬东西、一个人穿上衣服再脱下来以及自己吃饭，这些并不是大人让他做的。与此相反，他的意愿是如此的强烈，以至于大人常常阻止他这么做；当我们阻止孩子的时候，我们在与造物者对抗，而不是与孩子的意愿对抗。然后，他会表现出通过个人经验来发展其心智的倾向，并且开始寻求事情发生的原因。这不是什么理论，而是事实的本来面貌，经由观察发现和证实。当我们说到社会必须给孩子完全的自由，确保他的独立，不可与成人使用这些概念的模糊意图相混淆。实际上，大多数人对自由的概念有相当片面的理解。造物者赐予了生命，同时赋予其自由和自立，但也确立了由时间与特殊需要所决定的生存法则。造物者让自由成为生命的法则——要么选择自由，要么选择消亡。造物者帮助我们通过观察儿童来解释人类的社会生活。独立并不是静态的，而是不断地争取，不仅借自由，更是借不倦、不厌地工作而获得的，能力不断的增加，也更趋完善。在给予孩子自由与独立的同时，我们解放了一个小小工人，他不得不参加活动，否则就无法生活，因为这是所有生命存在的形式。生活就是活动，只有通过活动，生命才能趋向并达到完美。过去几代流传下来的社会愿望是减少工作时间，或是请人代劳，这是逃避生活的悲观孩子的本性。

教育的一个特别问题是如何帮助这些退缩的孩子，如何治疗这些正常发育受阻碍而导致偏差的孩子。这样的孩子不喜爱他的环境，因为这环境难以超越从而产生挫折，所以首要的是如何减少挫折，然后设法让他受到环境的吸引。下一步提供带给孩子快乐的游戏、有趣的活动，让其参与到更多的活动中。逐渐将孩子从慵懒转到有兴趣参加活动，从强烈的畏惧和恐惧转变为享受征服困难而获取自由的快乐。

如今在孩子生命的前两年，有些准则可以用以阐明教育问题。初生的婴儿应尽可能地留在母亲身边，四周的环境不应为孩子带来适应的障碍。例如环境的温度要与产前已习惯的温度接近，不能有太强的光亮与噪音，因为他来自一个十分安静与幽暗的地方。要十分小心地对待他，不可猝然地把他放入浴盆中，或是匆忙、粗鲁地帮他穿衣服。总的来说，我们在每一方面都是鲁莽的，因为新生儿在各方面都是纤弱的，生理如此，心理也如此。最理想的是，新生儿不穿衣服，让他住在一间完全保暖又不干燥的房间，给他一个柔软的床垫，让他感觉仍与产前的环境差不多。

今天的情形是，对待婴儿与对待一个严重的伤病者差不多，只不过稍微细心与周到一点。除了卫生方面的照顾，母亲与婴儿应被看做同一身体上的两个器官，仍受动物磁性（animal magnetism）的影响紧紧连接在一起；他们需要隔离一段时间，并且在每个方面受到细心照料。亲戚朋友不应对着婴儿亲吻与抚弄，护士也不应把他从母亲身边抱走。

一旦第一阶段过去，孩子就容易适应他的环境，开始朝着独立的方向迈进。他最初的收获是感官的运用，一种纯粹的心理活动，毕竟他的身体还是迟钝的。孩子的眼睛很活跃，他不仅透过它们接受印象，而且像一个活跃的研究工作者一样搜寻图像。不像低级动物受限于它们的观察，并在行为的引导下只对特定事物感兴趣。孩子却不受此限制，他把整个环境都纳入自己心灵中。他需要通过周围的整个世界来建立适应的能力，所以把他单独隔离的保育方式是错误的。孩子形同坐监，只有保姆一个人陪伴，然后让他睡得越久越好，如同残废的人。保姆不怎么说话，因为嘴巴闭着比较卫生，这样孩子怎样学习语言呢？此外，保姆所属的社会环境与孩子不同，所以孩子无法从保姆那儿学到有用的语言。高度文明地区的家境优越的孩子在这方面是最痛苦的，孩子很难见到母亲或者母亲的朋友，他们总是被丢给冷漠的保姆，放在有遮阳御寒斗篷的婴儿车里，除了保姆的面孔，孩子看不到其他更有趣的事情。他们要么变得冷淡呆板，要么就是哭泣、发脾气，因为他们受困于精神上的苍白，至少是有所欠缺。幸福的孩子是能跟着母亲到处走动的，如上街、逛市场、坐火车、乘巴士，到处听、随处看，积存下深刻的印象，安然自得地生活在自然守护神的看护之下。

Part 7

语言的奥秘

语言是自然而然获得的，是一种自发的创造；特别引人注意的是，语言的发展遵循一定的法则，在某个时期就会达到某种程度；这对于每个孩子都一样，不论其本族语言是简单的还是复杂的。

语言是一群人约定的表达方式，只有当他们认同某些特殊的声音能够代表某些特殊的含义时才能被理解。另一群人用别的声音代表同样的思想与事物，所以语言就成了一道分割不同族群的墙，它使同一族群结合在一起。语言是共同思考的工具，当人的思想变得复杂时，语言也就更烦琐。组合成话语的基本语音并不多，但它以许许多多组合的方式构成单词，而这些单词又以许多不同的方式构成句子来表达思想。世上没有比语言更神奇的了，人类的所有成就都需要大家聚集在一起达成一致才能完成，这种一致必须使用语言这种最抽象的事物、超级的智慧。

曾经有一些语言因为变得太复杂、太僵化从而消亡，从其衍生出来的语言取代了它，被普遍使用。像古典拉丁语，如今我们要完全掌握标准的拉丁语非常困难，但当年罗马帝国的奴隶一定是讲拉丁语的，农民在田地里耕作时也是如此，虽然并没有人教他们，连三岁的孩子都能轻而易举地了解它、运用它。这个奥秘已经引起了人们的好奇，潜心研究孩子语言发展的心理学家，强调这是发展出来的，而不是教出来的。语言是自然而然获得的，是一种自发的创造。特别引人注意的是，语言的发展遵循一定的法则，在某个时期就会达到某种程度。这对于每个孩子都一样，不论其本族语言是简单的还是复杂的。有一段时期，孩子只能发出音节，但到了另一个时期，他们便能说多音节的词了；最终他们能把握整个句法与语法、单数与多数、阴性与阳性、时态与语态。在文明环境中的孩子学会正确使用语言的同时，贫穷的非洲孩子也学会了他们简单的语言。构成语言的声音是需要运用到身体的某些部件：如舌头、喉咙、鼻子，以及面部的某些肌肉。这些部件在讲母语时配合得最完美；在说外国语言时，成人甚至无法听辨出全部的音素，也就更谈不上完美了。只有三岁以下的孩子能建构这种语言机能，如果出生的环境许可，他甚至能讲多种语言。这种语言机制是在幽暗的潜意识里进行的，由此开始发展并永久固定下来。其深藏的变化是成人不易观察到的，但有些外在的表征则是可以看出来的，对全人类来说意义非凡。由此得出的结论是：任何语言的语音在代代相传中保持了纯正的特性，此外，孩子的潜意识在吸收复杂与简单的语言时没有什么分别。没有孩子会厌倦学习语言。他获取完整语言的机能，如同用相机底片拍摄十多个人，和拍一个人一样简单，在一瞬间就拍成了；但要以手工画一幅人像就很花时间了，画十个人就要花十倍的时间。

更有趣的类似点是照片感光与显影都是在暗处进行，只有在定影之后才可移到有光之处，然后就无法改变。孩子的语言机能也是这样：开始是在潜意识的幽暗深处进行的，在那里发展生成，然后可以公开看得见。每天耐心观察并且精确记录出生后的孩子可以确立一些里程碑式的事实。有些神秘的内在发展很显著，而相应的外在表现却很微不足道，这两者之间明显不成比例。其进步没有规律，不成一条线，而是跃进的，所以从音节到词语之间会停顿数月，看不出什么进步。孩子学会几个词语后又停顿一段时间，但内在的生命都是不停的进步，结果产生心理学家所谓的“爆发现象”。在这个阶段，每个孩子的词汇量如瀑布般突然增大，读音也近乎完美。在三个月之内，孩子轻松地学会使用成语和语言的特征，这一切发生在全世界接近两岁的正常孩子身上。这些现象在孩子两岁以后仍在持续：在复合句的使用、动词的时态与语态，以及一些困难的句法方面也会出现同样的爆发现象，直到完全学会运用该语言。这时潜意识所积蓄的财富都转移到了意识层面，孩子也尽情地运用他的新能力，无拘无束地整天说个不停。

两岁半左右通常是智力发展的临界点，在此之后便不再有突破性的发展。如果有理想的文化环境，孩子的词汇量会越来越丰富，即使在较差的环境中词汇量也会有所增加。比利时的科学家观察发现，两岁半的孩子能懂约两百个字，五岁时能懂得一千个字，这些都无需教师。孩子们学会这些后，他们才进入学校，开始正式学习字母。

有关语言的机能值得进一步讨论。大脑皮层有两个中心，一个是管听觉的，负责接收语言；另一个是管动作的，产生和运用语言。接收的听觉中心与心智的神秘部分有关，它是潜意识发展的所在，与听觉关系密切。听觉器官在孩子出生前就生成了，有点像竖琴，有六十四根弦，为了节省空间，按长度排列成贝壳形状。人并不能听得到宇宙间所有的声音，但因为有六十四根弦，也能奏出十分复杂的音乐，一种语言在语音、语调方面的细微变化也能反映出来。奇怪的是，根据心理学家研究，听觉器官是发育最慢的，孩子会反应不出四周的噪音。这是因为大脑的这两个中心是为语言设计的，整个机能只对人的言语起反应，在时机成熟之时便能产生机能性的动作，再现听见的相同的声音。如果这两个中心没有分隔，它们便随意接收任何声音，那么生在农庄的孩子就会先行接收农庄周遭的声音，可能学到羊、猪和鸡的叫声；生在铁路边的孩子则会再现火车的汽笛声和喷气声。这是因为造物者已经建构好人类语言的中枢。狼孩儿是真实的例子，由于某些原因，有刚出生的孩子被遗弃在丛林中，他们神奇地存活下来。虽然在他们四周有各种动物及鸟的叫声，但他们仍不会说话，因为他们听不到人类语言——而这是唯一能刺激语言运作的要素。这是人类的特殊的力量，人类没有与生俱来的语言，但拥有创造语言的机能。大脑中神秘的地方有一个精灵，一个沉睡的自我，能够被人类语言的妙音唤醒，听到这神圣的召唤，赶紧设定震动的音弦。每一个民族都热爱音乐，他们创造自己的音乐与语言，也随着音乐起舞；有些音乐是配歌词的，如果人类没有赋予这些词以意义，也就没人知道唱的是什么。

孩子在四个月大的时候（有人说更早一些）能察觉到这紧紧围绕他的神秘妙音，来自人的嘴；嘴唇的活动制造了它们。他是何等专注地看着说话的嘴唇。他开始有意识关注说话的行为，虽然实际行动是无意识产生的；接下来有意识的兴致使孩子兴致勃勃地投入到仔细的追寻中。如此观察两个月后，孩子发出了自己的声音，他可能突然间发出“Da-da-da”或“Ma-ma-ma”等清晰的音节。十个月大的时候，他发现这些声音不只是音乐而已，这些对他说的声音是有目的的。所以在快满一岁时有两件事发生：一是在无意识的深处他已了解一些意义，再便是在意识的高层次他正在创造语言；虽然仍是叽哩咕噜，只是重复将同样的声音连在一起而已。然后他会吐出极具意味的第一个词，虽仍是儿语，却具有自觉的意义。这是孩子的内心产生巨大的挣扎——意识与呈现意识的机制间的对抗。智力产生思维是一个新阶段，他知道人们可以了解，要是他能说话的话；这他感到生命中第一次的失落，迫使他在潜意识中激发学习的意识。这种意识的冲动使他加紧语言的学习。这冲动敦促他学习语言的正确形式，成人有时不顾孩子的实际需要，对他只讲“儿语”，这对他无益。我们必须了解，孩子其实具有理解能力，我们能够对他说合乎文法的话语，并且帮助他分析句子。一两岁的孩子可能有许多想要说的话，但找不到想用的词，所以他变得激动，甚至生气，这都是因为“原罪”。这个小可怜正迈向自立，却不被人了解！如果找不到其他的方法，生气是他唯一的表达。

大约一岁半左右，孩子抓住了秘诀，知道了每个东西都有名字，所以在他学到的词里面辨识出语音，尤其是较为具体的。这对孩子很重要，因为他可以要他想要的，并且他将一组词浓缩成一个词。所以当母亲或老师的要正确了解他的话，使他受折磨的灵魂安静下来。用一个例子来说明：有个西班牙小孩由母亲带去郊外野餐，因为天气热的缘故，这位母亲就把外套脱下来搭在手臂上。孩子立刻开始哭闹，没人听得懂他嘴里嚷着的“To palda，to palda”是什么意思，他就愈哭愈厉害。在我的建议下，那位母亲穿上了外套，孩子立刻就平静了并露出笑容。原来这令人费解的“palda”是由两个西班牙词浓缩成的，“Palto”是外套的意思，而“Espalda”是肩膀的意思。他原先抗议的是:“外套怎么可以在肩膀上?!”因为孩子的秩序感已经被侵犯，母亲的外套不应该披在肩膀上，而是要穿起来，这已超过他容忍的尺度。

还有一个例子可以证明一岁半的孩子已经能够完全理解大人谈话的内容。五个大人在一个正在玩耍的幼儿旁边谈论儿童故事，最后得到的结论是，“儿童故事的结局总是皆大欢喜”。而这个在一边旁听的幼儿并不同意这个结论，他开始哭起来，并大喊着“Lola，Lola!”大家认为这个孩子一定是要保姆，于是便呼喊保姆的名字。可保姆来了之后孩子就变得更激动、更生气，直到最后他拿到一本书，翻到封底一幅小孩哭泣的图片。他的意思是："如果结局都是皆大欢喜，为什么会有小孩在哭泣?"他所呼喊的"Lola"其实是西班牙语的"llora"，意思是哭泣。这才是他想表达的。这很清楚地证明孩子的智慧不容小视。

由于经常受大人误解，焦躁成为孩子生活中无法摆脱的一部分。孩子有丰富的内在感受，一直想要找机会表达，但总是困难重重，环境也不顺心，自己的能力也受限制。有些孩子性格较坚强，有些所处环境较有利，他们就沿着正常发展的途径，顺利地走向独立，没有出现退缩。语言的获得过程也类似，这是更高程度的独立，能自由地表达，但也有退缩的危险。这个时期的挫折经历留给孩子的是永远无法摒弃的阴影，因为这个时期的所有印象都深深刻在孩子的记忆之中。成人身上出现的语言障碍，从犹疑不决到结巴、口吃，都是早期失败的语言经历造成的恶果。这些退缩现象发生在孩子的敏感期。此时他对有利的帮助很敏感，对于强烈的挫折也很敏感，这种伤痕会伴随着他的一生。任何形式的粗暴行为，不论语言或动作的，都会对孩子造成无可挽回的伤害。另一种伤害是由于大人一味地拒绝与限制。那些请得起训练有素的保姆的父母需要注意，你的保姆是否经常对孩子说“不可以!”或“不准做那个!”这也会造成某种形式的语言障碍。这种情形在上层社会也很常见：有些贵族人士不是没有勇气，但偏偏在讲话的时候犹疑或结巴。

成人有许多不自觉的惧怕或紧张的习惯，这可以追溯到孩童时代所受到的粗暴对待。所以仔细地研究孩子的童年生活，对了解人性是十分重要的。老师应着手去发掘、洞悉孩子的心灵，如同精神分析师深入成人的潜意识一样，需要有人作孩子及其语言的诠释者。我自己的经验印证，孩子会迫切想与他的诠释者亲近，知道这里有他需要的帮助，他会对诠释者产生不一样的情感。这种迫切的亲近远非你拍拍他、摸摸他的头那种回报式的亲近所能比拟。对于孩子来说，诠释者是他们最大的希望，为他们重新打开那扇世界已经关上的门。这样的协助胜过一般的感情，建立起最亲密的关系，因为你不仅给他安慰，更给予了实际的帮助。

Part 8

动作及其
在教育中的地位

科学观察表明，智慧是通过动作发展而来的。世界各地的实验也都证明，动作有益心智的发展，心智的发展又进一步体现在动作中。这是一个循环。这个循环必须完整，因为心智与动作同属于一个整体。

动作是神经系统的结果与目的，没有它就没有个体。神经系统协同大脑、感官、神经、肌肉一起把人与这个世界联系起来。不像身体的其他器官系统，主要是为生理个体服务，所以被称为植物生命器官（或无意识器官）。这种无意识器官系统助人享受身体的净化与健康，但神经系统却有一个比净化与提升心智更高的目标。动物的行为不仅趋向美妙与优雅的动作，还有更深层次的目的：协助整个自然界的运行。人类同样也有一个更高的目标，不仅要比其他生物更纯洁、更完美，而且要运用他丰富的智慧、崇高的审美为他人服务。力量必须展现，才可以完成各环节的关联。这种观点不仅要用于生活实践，更要用于教育。如果我们有大脑、感官和运动器官，那么一定要让它们运行起来；若每个器官都没有运用，我们甚至无法确定了解它们。动作是完整思维环节的最后一部分，而精神的提升也只有通过行动或工作达到。人们通常认为肌肉只有通过运动才可以保持健康，因此他们通过打网球甚至散步来促进消化和提高睡眠质量。这种错误的认识已经被潜移默化到教育之中，其荒谬程度不亚于把一个尊贵的王子贬成牧羊人的仆人。尊贵的肌肉系统被作为无意识器官系统，只为了让其运行得更良好而已。把身体活动和精神活动完全分离开来，这是巨大的错误。学校把游戏加入课程，无非是让孩子在锻炼智力的同时也锻炼身体。精神活动与身体活动在这里是毋庸置疑的，可是我们不能把造物主放在一起的东西人为地分开。如果我们认为身体就是身体，精神就是精神，二者不能混淆，我们就断裂了这种环环相扣的关联，最终导致人的行动与人的大脑彻底分离。人的行动被定向于协助饮食和呼吸，然而人的动作要服务于整个生命，以及整个世界的精神体系。

尤其重要的是，人的行动应该与人体的中心——大脑相联系并被置于适当的位置。思维和动作是一个循环的两个部分，而且动作是更高级的表现形式。否则，人只会长成没有大脑的一大堆肌肉的组合体；有环节缺失，正如一根骨头断裂会导致肢体不能行动。心智的发展应与动作相连系，并凭借它来发展，这对我们的新教育的发展很重要。没有动作就没有进步，也就没有精神的健康。这个真理无需正式的论证，只需静观自然以及存在于自然中的事实，尤其观察孩子的成长便得到确认。科学观察表明，智慧是通过动作发展而来的。世界各地的实验也都证明，动作有益心智的发展，心智的发展又进一步体现在动作中。这是一个循环。这个循环必须完整，因为心智与动作同属于一个整体。感官也有助于这个循环的完整，因此任何感官的缺陷都会影响孩子的智力发展。动作应该是心理深层的表现或反映，这是很合逻辑的。那些受大脑控制的肌肉叫做随意肌，由人的意志支配，而意志是主要的能量，没有它就没有心理活动。肌肉构成身体的大部分并勾勒出身体的轮廓。肌肉的数量很大，有粗壮、细小之分，也有长短之分，各有不同的功能。有趣的是，当一块肌肉往某个方向运动时，另一块肌肉便往相反的方向运动，精细的动作就是凭借这种相对的运动发展出来的。个体本身并没有意识到这种相对运动，但动作就是这样发生的。对动物来说，完美的动作由造物主所赐，老虎、松鼠等自幼就有许多打斗的游戏，它们从而获得动作的和谐。人类出生时并没有这种机能，需要自己创造出来，并通过在环境中不断实践获得。那不是许多动作的训练而是协调能力的发展。孩子天生并不具有这种协调能力，需要自己创造出来，并经由心理趋向完善。

人类的特征之一是能做出各种动作，范围超过所有动物；人类甚至还会模仿动物的动作并最终将其变成自己的行为。人类有普遍的动作技巧，但有一个条件，他必须先在潜意识中兴起意志，然后自愿地重复练习以达到协调。人类潜能丰富，他可以选择其一用之。一位体操选手并非天生就有一组帮助他的特殊肌肉，一位舞者也不是生来就有细腻、优美的动作，这都是由他们运用意志发展出来的。所以没有什么是一成不变的，只要有坚强的意志，万事皆有可能。更何况人类并不会像同一物种的动物那样都做同一件事。每个人有他自己的发展路径，“工作”是其心理活动的主要表现。不工作的人有精神衰退的巨大危险。虽然人类的肌肉数量众多，但是每块肌肉都得到锻炼是不可能的，未得到锻炼的肌肉达到一定数量便会对心理活动造成损害。正因为太多肌肉需要得到锻炼，体育才被列入学校的课程范围。

心理活动需要运用更多肌肉，但使用的背后动机不应过于实用主义，也就是现代教育所称的过于技术性。真正的目的应该是：培养丰富心理活动所必需的协调动作。否则，大脑要在中心心理活动之外另发展一套动作，这必将给“世界带来革命与灾难”。虽然，工作在生活的艺术中不是最重要的，但是需要通过动作获得自我整合和无限扩展。

对大部分动物而言，四肢的行动是同步发展的；只有人类的腿与手的动作是分开发展，而且功能各异。值得注意的是，走路与平衡是人类天生的能力，因此可称为生物事实。所有人的脚都做同一件事，就是走路；但手可就不一样了，没有人知道其动作的界限。虽然脚的功能是生物性的，但却要依赖大脑内部的发展才能使人用双脚走路，而不像其他哺乳类动物使用四肢。当人学会了双脚走路的本领后，他就能保持直立平衡。但这是一种高难度的成就，是一种真正的征服，因为直立保持平衡需要脚底全部着地，而不是像其他动物一样只是脚尖着地。显然手没有这种生物指导，它没有固定的活动模式，但却有心理关联。它不仅依靠个人的心理状况，还要依赖于不同时期的精神活动以及不同种族群体。

唯独人可以做手脑并用的活动。早在远古时代就留下人类工作的痕迹，这些痕迹因文明的不同而有粗糙与精致之分。回顾远古年代，我们仍能从一些艺术品中了解他们的生活。有一个基于力量而形成的文明留下了让我们惊叹的巨石类遗迹，而另一个文明却留下了较精致的遗迹。手跟在智慧、心灵与情绪的后面，随着人的漫游留下不少痕迹。撇开心理学的观点，人类所有环境的改变都是依靠双手完成的。因为手总是与智慧相伴，从而通过双手建立了文明，所以我们可以说手是给人类带来无限财富的器官。

古代手相学就是建立在手与心灵相通的认识之上，这是一种巧合。看手相的人认为整个人类的历史就书写在人们的手掌之上。所以，孩子心理发展的研究应与手的进化研究密切相关。当然，如果不用手，孩子的智慧也可以发展到一定的水准；但是如果运用手则可以发展得更好，经常用手的孩子肯定有更坚强的性格。如果因环境所迫，孩子没机会用手，他就会有低落的性格，即不服从、不主动、懒散、沮丧。相反，经常用手工作的孩子具有更加坚定的性格。埃及文明中有一件有趣的事，即当埃及的手工艺在艺术、实力与宗教领域达到最高峰的时候，人们给每一个在墓碑上篆刻碑文的手艺人最高的赞誉是：他是个很有性格的人。

语言研究清楚地表明语言尤其和听力相关。同样，动作与视力关联密切。动作的第一步是要抓住或是握住。一旦手抓住东西，意识就到达手部，抓握动作就有了提升，即本能的动作转化为有意识的动作。六个月大的孩子的抓握动作具有完全的意识性。十个月大的孩子对周围环境产生了兴趣，因此他想要抓握周围的一切东西，此时的抓握动作已经伴随有欲望。他开始用手做许多活动：改变物品的位置、开门、关门、拉开抽屉、把瓶塞塞回瓶口等。经由这些活动，他获得了能力。在此期间，没有任何其他肢体能唤起智慧或意识的功能，尽管这时指导平衡的小脑加速发育。此时环境帮不上忙，当小脑发出命令后，孩子在自己的努力和大人的帮助下坐起来，然后自己站立起来。起初，孩子的肚子贴在地板上，用四肢爬行。如果在这段爬行时间中成人用两根手指牵引，他就可以双脚一前一后地站起来，但仅仅是用脚尖站立。最后当他完全靠自己站立起来时，他的整个脚底板着地，牵着母亲的裙子就可以走路。不久他就可以完全靠自己走路，并为获得新的独立而欣喜。此时如果成人继续扶助他，便可能成为他成长道路上的障碍。如果他想用手进行活动，我们就应给他行动的鼓励，放手由他去，使其朝向更高的独立迈进。

孩子一岁半时，有一个重要且明显的现象就是他们的手和脚变得很有力。因此，孩子在做任何事时都使出全身的劲来。在此以前，身体的平衡与双手分别各自发展，但现在它们开始配合，此时孩子喜欢搬着东西走路，但所搬的物品往往与自己的身体比例严重失调。已经掌握抓握本领的小手现在要开始练习搬东西。你可能会看见这个年龄的小孩子提着个大水壶，一边调整自己的平衡一边缓慢行走。此时的孩子也有挑战地心引力的倾向，因为他已经不满足于走路，他开始喜欢攀爬，抓住一个东西把自己往上提。接下来就是模仿期，此时如果可以自由行动的话，孩子想模仿周围大人所做的一切事情。所以自然发展的逻辑很清楚：首先孩子准备他的工具——手与脚，然后通过练习获得力量，接着开始模仿，为自己的生活与自由做准备。

在此活动期间，孩子其实是一个了不起的步行者，需要练习走长路，但成人反而常常坚持要抱他，或放在童车里，可怜的孩子只能在想象中行走。“他不能走，我们抱他吧!”“他不会做，我们帮他做吧!”在生活的转折点上，我们这些成人给孩子制造了“自卑情结”。

Part 9

模仿行为
与活动循环

成人必须了解走路对小孩的意义。他们认为孩子不能行走的原因是：他们期待孩子按照大人的速度走。当孩子因为步子小跟不上时，大人就把他们抱起来，这样可以快一点到达目的地。但孩子并没有特定的地方要去，他们仅仅在乎走路的过程。

一岁半已经成为心理学家最感兴趣的年龄，它也是教育的关键时刻。就生理而言，此时是上肢与下肢协作的关键点。就心理而言，孩子处在即将揭开他的“丰富人生”的前夕，因为在两岁时他将进入语言的爆发期，其实他已经在竭尽全力地展现内在的自我了。

这是一个公认的孩子会竭尽所能的年龄，此时的孩子应该获得支持，进而他们才会表现出模仿的本能。人们通常认为孩子喜欢模仿，所以父母和老师都应该为孩子树立良好的榜样，但这恰巧是一种肤浅的观点。树立榜样的结果往往是不甚愉快，因为所有的老师和父母都认为自己应该树立一个完美的榜样，但同时他们心知肚明，自己离那个完美的榜样相距甚远。我们都希望孩子成为一个完美的人，而且我们认为孩子可以通过模仿我们而变得完美。可问题在于我们自己并不完美，所以这是一个永远解不开的死结，造物主并不遵循这样的逻辑。

孩子要做好模仿的准备，这才是至关重要的，而这一切取决于孩子的努力。这种努力不存在于模仿之中，而存在于有模仿的可能以及欲将自己变成想成为的人的心理活动之中。一个孩子不可能仅靠模仿就成为钢琴家，他必须先做好准备，使自己的双手具有弹钢琴所需的敏捷与灵巧。进一步来说，我们不可能仅仅通过给孩子讲述英雄或圣人的故事就使他们变成英雄或圣人，除非他们已经在心里做好准备。模仿只能为灵感和兴趣做好积淀，所以必须有将灵感和兴趣付诸于应对世界的准备。造物主不仅赐予孩子模仿的本能，也赐予他们将自己变成父母和老师树立的榜样所需的努力。所以那些信奉“帮助生命”的教育家应考虑如何帮助孩子尝试这种努力。

这个时期的孩子会开始做一些特定的事，这些事在大人眼里可能很荒谬可笑，不过大人的看法无关紧要，关键是孩子一旦做这些事就必须有始有终。此时的孩子有一种完成某种行为的冲动，一旦冲动的循环出现断裂，那么这种冲动就会偏离正常轨道而变的漫无目的。这种活动的循环受到了高度重视，因为这是为将来的生活做间接准备。人的一生都在为未来做间接准备，正如我们常谈论到的成功人士，在他们做出了不起的成就之前，必定有一个付出卓绝努力去做事的阶段，而且那时所做的事不必和现在所做的是同一种事，而关键在于这种卓绝的努力为他们的精神做好了必要的准备。这种努力必须全面扩展，因为一个循环必须完整。因此，无论孩子所做的事看起来是多么荒谬，只要这些事没有对孩子的生命或肢体造成伤害，就不应该随意打断，因为孩子必须完成他的活动循环。

这些活动可能呈现出许多有趣的形态，其中之一就是孩子毫无缘由地搬动远超出他们力量范围的重物。有一次在一个朋友的家中，我看见一个孩子努力地搬沉重的凳子，一个接一个，从房间的一端搬到另一端。这个年纪的孩子，就是喜欢把东西搬来搬去，直到他们累了、烦了。而成人总是觉得这个小家伙可怜，想去帮帮他。但是心理学家却认为这种打断是对这个年龄阶段的孩子的最大压抑，因为你打断了孩子自己选择的活动循环，会对孩子将来的成长造成障碍。另一个孩子最喜欢努力去做的事就是爬楼梯，但爬的目的并不只是想爬到更高一层。他是为了爬到更高一层再回到起点，因为这才算完成一个活动循环。我也看过一个小孩爬非常陡的楼梯，每一个台阶都能达到孩子的一半身高，他必须用双手把自己拖上去，然后腿部又弯曲得很吃力，但他就这样爬到了四十五阶楼梯的顶端。当他往后看想知道自己爬了多高时，一个失衡就往后滚了下来。还好，地毯很厚，孩子只受了一点轻伤。当他摔到了底层时，刚好面向我们，我们以为他会大哭，没想到他却满足地笑了起来，仿佛在说:“上去不容易，下来可真快!”

有时这些“挑战”对专注的养成与动作的协调是非常重要的，不仅是锻炼力量而已。有个一岁半的小孩，自由地在房子里逛来逛去。他来到一间洗衣房，房内有十二条桌布已洗烫完毕叠在一起，准备收起来备用。这个孩子走过来用双手拿起最上面的一条，很高兴地看了看，然后沿着走廊走到尽头，小心地把桌布放在地板的一角。完成后又回来拿第二条，直到全部拿完，每次拿的时候都说：“一!”当桌布都被搬到新的地方后，我们以为他的活动完成了，可是没有! 就在他放下最后一条时，他又开始把它们一条一条搬回原来的地方，照样每次说“一”。他的专心实在令人惊讶。当他从我们面前走开的时候，脸上洋溢着满足的表情，又去找另外的事去做了。

在孩子两岁时，他们需要练习走路，这是大多数心理学家没有考虑到的。孩子能行走两至三公里，如果有一部分是上坡的话更好，因为他们喜欢往上走。此时，行走中的难点恰恰是小孩最感兴趣的地方。成人必须了解走路对小孩的意义。他们认为孩子不能行走的原因是：他们期待孩子按照大人的速度走。当孩子因为步子小跟不上时，大人就把他们抱起来，这样可以快一点到达目的地。但孩子并没有特定的地方要去，他们仅仅在乎走路的过程。要帮助他们，大人就要配合他们，而不是要求他们跟上大人。这里很明显地可以看出“跟着孩子、配合他”的必要性，这是在教育的各个方面以及所有领域中的原则。孩子有他自己生长的法则，如果我们想要帮助他们，就要因势利导，而不是把我们的意图强加在他们身上。孩子不仅用腿走，而且用眼睛走，周围有趣的事物吸引他不断地往前走。当走过羊圈看见吃奶的羔羊时，孩子很可能会被吸引，坐下来看一阵子。尽兴之后，他会继续往前走，看见花也会停下来闻一闻。过一会儿又被一棵树吸引，绕着它走四五圈后再继续前行。孩子是在这种情况下走了几公里。途中有多次停顿、休息和乐趣的发现。如果路途上遇到一些有难度的考验，如爬过一块大石头，或涉过一条小河，他可是要乐坏了。水是最能吸引他的，他常常会坐下来高兴地说：“水!”哪怕只是大人不可能注意到的涓涓细流。所以孩子与照顾他的保姆关于走路的想法是完全不同的，保姆总希望尽快到达目的地。保姆带着孩子去公园散步，或让他坐在婴儿车里呼吸新鲜空气，总是让孩子戴着大风帽，导致孩子看不见太多的东西。

教育必须为这个走路的“人”着想，他走路是为了探索。所有的孩子都是用这种方式走路的，是兴趣在引导他们。大人可以利用这个时候介绍叶子的颜色、形状和名称，或是昆虫、鸟类及其他动物的生活习性。当他到户外的时候，这些都会引起他的兴趣，他学得越多，就走得越远。走路本身就是一个完整的运动，不需要其他的体能训练。走路比其他的运动更有益于孩子的呼吸与消化功能。如果孩子发现有趣的东西就会捡起来，或加以分类，或挖个小沟，或捡些枯枝生火，这些活动都伴随着走路，使这项运动更加完整。

走路必须包括在教育里面，尤其在都市化的今天，大家坐车的机会多于走路，人变得麻痹和懒惰。生命被分割成两段，运动的时候运用肢体，而读书的时候则运用头脑。生命必须是一个整体，尤其在早期孩子塑造自己人格的时候。

要大人理解并尊重孩子依循自然成长的独立性，而不横加干涉是十分困难的。于是心理学家就想寻求一个适合孩子自由活动的地方，因此适合年幼孩子的学校应运而生，甚至一岁半的孩子就可入学。这些学校有各种设施，如树上小屋，有梯子可以爬上爬下。这个小屋不是用来住的，而是用来吸引孩子去做攀爬活动。有人认为，如果我们要培养自由、民主社会的称职公民，教育就不可太早开始。我们既然讲自由、民主，怎么可以在生命刚开始的时候，就让孩子忍受暴虐、服从独裁者呢？我们怎可一面讲民主，一面又培养奴隶呢？真正的民主就应从生命的早期开始培养，而不是在成人阶段。这些孩子的能力减弱，变得鼠目寸光、身心俱疲，意志也常被大人所左右，正如大人常说："把你的意见放在一边，听我的!"那么，我们又怎能期待他们在完成学业进入社会时，能接受并使用他们自由的权利呢？

Part 10

三岁孩子

如同成人在家、或在田间工作的方式一样，孩子也应该有属于他们的家和田园。不需给他们玩具，而要给他们房子；不需给他们玩具，而要给他们可以用小型工具耕耘的园地；不用给他洋娃娃，而要给他一群同伴，让他们去体验社会生活。我们用这些来取代过去的玩具。

造物主仿佛以三岁为界划了一条线，把三岁前和三岁后两个阶段分开。前一阶段虽然充满创造力及重要事件，但如同出生前的胚胎期一样成为被遗忘的阶段。因为孩子只有到三岁才开始进入有完全意识与记忆的阶段。在心理胚胎期，人的某些能力是各自独立发展的，如语言、四肢的运动与协调以及部分感觉的发展。在出生之前的生理胚胎期，身体器官如同一幅幅地图一样逐次打开，但是人类对这些发展一个都不记得。这是因为人格尚未统一，只有当各部分都完成时统一才成为可能。这个潜意识与无意识的制造物，这个被遗忘的孩子，似乎从人们的记忆中抹去；当他满三岁来到人们面前时，似乎是一个不可理解的生命。他与我们之间的沟通似乎被造物主挪走，除非我们知道在他生命早期发生的事，或认识到造物主的本意，恐怕我们会无意识地摧毁造物主所要建造的。人类已经遗弃生命的自然道路来创造文明，受文明洗礼的人类只知保护物质，却不知保护人类的心灵，结果留给孩子的是监禁——一个充满了障碍的环境。

孩子完全处于大人的照管之下，这些成人除非得到自然或科学的启示，否则会成为孩子成长环境中的最大障碍。三岁的孩子必须使用造物主在早期赋予他的能力，并通过在环境中的实践才能继续发展。他虽然已忘记生命早期所发生的那些事，但通过有意识的实践，这些早期被赋予的能力开始进入意识层面。由智慧引导的“手”，借助于工作展现出内心的意志。这对孩子来说，之前用心灵探索世界，如今要借助双手。他要使以前获得的能力更加完善，比如语言的发展已基本完成，但其内容的扩充要持续到四岁半，他的心智仍拥有胚胎期不知疲倦的吸收能力。如今双手成为理解事物的直接器官，此时的发展主要凭借双手的工作而不是双脚的漫游。这个年龄的孩子能持续地工作，如果双手不停忙碌的话，他反而能享受如鱼得水般的快乐。成人称之为幸福的游戏年代，市面上也设计了许多玩具来迎合孩子活动的需求。结果他得到的是许多无用的玩具，而不是有利心智发展的工具。孩子想触摸每一件东西，但大人只给他一部分。人们真正放心让孩子去触摸的是沙子；在没有沙子的地方，有钱人就给孩子买些沙子。水也可以玩，但只能玩一点点，因为水会弄湿衣服。水和沙子会把衣服弄脏，这要麻烦大人去洗。当孩子玩腻了沙子，大人就给他“过家家”用的玩具，有小厨房、小屋子、玩具钢琴等，都不是真正能用的东西。他们看出孩子想像大人一样做事情，可提供的东西又不是真实的，这实在是可笑!

对没人陪伴的孩子，他们扔给他一个可笑的假人——洋娃娃，当然洋娃娃可能比难得陪他的父母实际一点；但它不会讲话，也不会回报他的爱，只能勉强作为与社会接触的替代品。玩具变得渐渐重要，因为人们认为它有助于孩子的智力发育；这当然胜过没有东西玩，但问题是孩子很快就会厌倦，他们会索要新玩具。孩子有时故意把玩具弄坏，人们以为他喜欢把东西拆成碎片，或有破坏欲。但这是人为的机械教育造成的恶果，因为他没有适合的东西可以玩。孩子不会十分喜欢这些玩具，因为它们不是真实的。所以，孩子变得无精打采，无法专心，渐渐脱离常轨，甚至人格出现扭曲、偏差。其实，这个时期的孩子有意认真地在各个方面模仿大人，以使自己更完美。可是大人总不给他们机会，因此导致他们的性格扭曲。

越是处于高度文明社会的孩子越可悲，反而生活在简单社会的孩子通常是平和快乐的。因为他可以自由地使用周围的东西，而那些东西不是那么昂贵，不用担心会打碎。母亲在洗衣服或烤面包时，孩子也在一旁参与，如果找到适合他做的事，他就能为自己的生活做好准备。

这个事实不容再怀疑：三岁的孩子必须学会自己使用生活中的物品。如果给他依照身材比例制作的东西，允许他像大人一样操作，他的整个性格就会变得平和、满足。他不在乎生活环境中不常有的东西，因为他工作是为了让自己适应所处的环境，而且造物主的旨意是使孩子在完成特殊任务中获得快乐。所以“新的教育方式”是提供合乎孩子力量、尺寸的东西，以引起他活动的兴趣。如同成人在家、或在田间工作的方式一样，孩子也应该有属于他们的家和田园。不需给他们玩具，而要给他们房子；不需给他们玩具，而要给他们可以用小型工具耕耘的园地；不用给他洋娃娃，而要给他一群同伴，让他们去体验社会生活。我们用这些来取代过去的玩具。

一旦这些障碍除去，把仿造的玩具扔在一旁，给他实际的物品，他的反应可能出乎意料。孩子会出现不同的人格，坚持他的独立，拒绝帮助。他清楚地表示要独自工作，而使母亲、保姆和老师都感到惊讶，现在孩子成了环境的主人，而成人只能在一旁做观察者。

关于我的早期实验，就是许多年前很偶然地在罗马所看到的事实，若不是因为情形特殊是无法看到的。假如当初儿童之家设在了纽约的高级住宅区，可能不会发生值得注意的事：就像许多有钱的学校，也许并不缺乏小孩可以使用的器具，但许多其他的事可能带来发展的阻碍。

当初有利实验的三个环境因素是：

- 学校位于极贫穷且社会条件十分艰难的地区。穷人家的孩子可能苦于物质的缺乏，但他拥有自然环境，所以内在心灵是富有的。
- 这些孩子的父母都是文盲，无法提供孩子不明智的帮助。
- 教师都不是专业的，所以不受传统训练的偏见影响。

如果在美国，实验可能就不会成功，因为他们要找最好的教师。而最好的教师学了一堆对孩子没有帮助的东西，而且往往满脑子都是与“孩子自主”相反的理念。教师一味把自己的思想强加在孩子身上，这样只会阻碍他们。如果我们想要简单而能确保实验的成功，最好以贫穷的孩子为对象，提供他们未曾经历过的环境。我们必须选用单纯的人，然后充分利用他们的长处。我们不强加于人贫穷但也不惧怕它，因为那是一种培养伟大情操的条件。经过科学设计的教具能引起之前什么玩具都没有的孩子热烈的兴趣，并唤醒他们的精神专注力。四十年前这个实验引起了很大的震憾，因为从来没有发现三岁小孩有这样的表现。然而专注只是基本的表现，接着一项一项地去探索、操作，孩子忘情地流连其中。在过去无法使他满足的传统环境中，他总是来回穿梭，无法专注于任何一件事，但我们已经证明这种情形不是他真正的性格。

我们必须记住，三岁大的孩子有一个内在的老师，一直无误地引导他。当我们提及一个自由的小孩时，我们是指他跟随内在的强大造物主的指引。在造物主的引导下，孩子会把工作做得很彻底。例如，我们原本只期待他擦桌面，但他连桌脚、桌边、底面、缝隙都擦拭过。如果教师给他自由、不加干涉，他就会全神贯注地投入工作。大多数教师总是忍不住不断地打岔、施教，所以习惯受内在造物主引导的孩子无法与爱施教的教师相处。教师可能认为他应由易而难渐进地引领孩子。然而孩子可能喜欢先难后易，甚至有时是跃进的。

教师持有的另一个偏见就是对疲劳的看法。当孩子兴趣浓厚的时候，他们是不知疲倦的，可是教师每几分钟就要他变换活动并休息，这反而使他失去兴趣，并感到疲倦。所以一般从师范学校毕业的教师会根深蒂固地持有这些偏见，几乎无可救药。如今大多数大学也都持有这种偏见，认为每四十五分钟就应休息一下，这实在是致命伤。教育学的世界是遵循人的逻辑，但造物主却另有自己的法则。人的逻辑把心智活动与身体活动当成两回事，认为小孩进行心智活动时就应安静地坐在教室里面，而进行身体活动时就应把心智活动放在一边，这等于把孩子切成两半。当孩子思考的时候，不准他使用双手；但造物主却认为孩子不用双手便无法思考，甚至他们还需不停地走动，像四方游走的希腊哲学家一样。动作与思考需同时进行，但似乎不可能有这样的学校，让孩子在学习的同时还能够来回走动。

我们的新方法就是致力于帮助教师脱离这些偏见，他们若能摆脱绝大多数的束缚就是最大的成功。如果我们可展望的教育规模巨大，而受过培训的老师又稀少的话，我们要说“谢天谢地!”因为这是很理想的情况。

当然，新任教师必须了解一些教育的基本技能，这没有太大难度。例如，在我的第一次实验中，我指导我的助理——一位公寓管理员的女儿，告诉她为孩子示范教具特定的使用法与工作顺序后就可以走开，然后让孩子自己操作。她虽然没受过教育，但执行得很好，所以当孩子工作的效果十分完美时，她也感到惊讶。她以为有什么天使或神灵在暗中帮忙，并十分震惊地跑来跟我说："夫人，昨天下午两点的时候，孩子开始写字了！"从孩子结构完整的句子看来，似乎有超自然的力量在帮助他们，因为孩子从来没写过，并且还不会阅读。

经验告诉我们，教师应慢慢地退到幕后，只需为孩子准备好材料，让他们自己工作。我们的工作就是让教师明白，干涉是没有必要的，甚至是有害的。这种方法被我们称之为"非干预教学法"。教师应该判断孩子可能需要什么，如同仆人细心地为主人准备好饮料后退下，任主人随意饮啜。教师也要学会谦卑，在照看孩子时不要把自己的意图强加在孩子身上，但需保持警觉，注意孩子的进展，准备孩子进一步可能需要的所有东西。

中下阶层的家长最热心配合我们的教育方法。当孩子写出第一个字时，不识字的父母对孩子取得的成就充满惊奇和崇拜，这无疑对孩子是一种极大的鼓舞。然而有钱人家的父母只表示淡淡的兴趣，可能还追问学校是否教授艺术课程，因此他们孩子的成就显得无关紧要了。想要打扫的孩子经常被告知那是佣人的工作，而送他到学校不是为了学这些低贱的差事。另外一位母亲认为自己的孩子太小，还不适合学算数，怕脑子用坏了，而出面阻止。所以孩子有很复杂的情结，既有优越感又有自卑感，成了心智上的跛子。

因此，被认为对教育实验极为不利的条件，其实却是最佳的条件。成功不仅局限在孩子身上，同样也影响其父母。在早期的儿童之家，孩子开始参与真实的家务活动。不久他们回家便告诉母亲说，衣服上不可以有污点、水不可以洒出。很快，母亲的衣着开始变得干净整洁。不少父母开始学习读写，因为他们的孩子已经学会。整个社区的气氛与环境因孩子而开始改变，仿佛我们的手中有根神奇的魔杖。

Part 11

由观察
发展出来的方法

这些书写的爆发不是任何教育方法所引起的，因为“方法”那时还不存在。对这些爆发进行心理学的追踪和研究后，发现方法是孩子内在潜能爆发后产生的“结果”。报纸的头条把它称为“人类心灵的发现”。

我的早期实验最先引起社会大众注意的就是“书写爆发”现象的出现。它不只是一个书写的爆发，也是一个孩子内在潜能的爆发。一座山从外表看上去十分稳定、似乎永不改变，但内在可能蕴藏着岩浆、火焰，有一天它们会穿透地壳爆发出来。正是爆发出来的火焰、烟硝与其他不知名的物质，向火山研究人员展示了地球的内部构造与成分。我们的“爆发”也是这样，它之所以发生正是源于那些看起来最不利于“爆发”的条件：穷困、无知、缺乏教师，没有课本、规则，背景几乎是一片空白。但正是因为这一片空白，孩子的灵魂才得以无拘无束地展现。所有的障碍在不知不觉中被去除，但在那时没有人知道障碍是什么。在这里需要强调的是：这些爆发不是任何教育方法所引起的，因为“方法”那时还不存在。对这些爆发进行心理学的追踪和研究后，发现方法是孩子内在潜能爆发后产生的“结果”。报纸的头条把它称为“人类心灵的发现”。

随之产生的科学不是建立在直觉之上，而是建立在直接的洞察力之上。领悟到的事实可以分为两类。一类是借助于自己独立的活动，孩子的心智在相当幼小的时期就可以吸收领悟文化。另一类是性格，也是在孩子很小的时候开始发展的，虽然老一辈教育家认为孩子那时还太小，无法对孩子们的性格施加影响。他们错了，因为他们认为是成人在对孩子的性格施加影响，而且把孩子内心的邪恶转为良善是一个长期的过程。从三到六岁是孩子发展性格的时期，如果没有阻碍的话，每个孩子都会按照自己的法则来成长。

孩子能集中注意力于他头脑中早已存在的事物，就是在前一个阶段（零到三岁）从环境吸收获得的一切——因为无论之前他获得了什么，都会永驻他的脑海，并被他反复思索揣摩。书写的爆发就是由于先前对语言的征服，而且孩子对语言的敏感到五岁半至六岁这个年龄段就会结束，所以孩子只有在这个关键的年龄段才会以无限的愉悦和巨大的热情学习写字，反而到八九岁就没有这样的热情了。可以看出，控制孩子书写能力的器官已经做好间接预备，所以“间接预备”的概念已成为蒙台梭利方法不可或缺的一部分。我们已经看见，造物主就是在胚胎期为孩子做间接预备的，在器官未做好服从命令之前，她是不会发出命令的。性格也是以同样的方式塑造的。单纯的模仿或强迫服从是没有用的，必须先有内在的预备，服从才成为可能。这种预备是间接的，所以我们很清楚地看见，给孩子一个“预备好的环境”的需要，并使他的心灵在其中得以自由施展能力。

语言发展方面，在孩子很小的时候，语言似乎就遵循类似文法的顺序，由发音、音节到名词、形容词、副词、连词、动词与介词等。因此我们认为，在第二个阶段也应从文法方面来帮助他，所以我们语言教学的第一节课就是文法。文法应该在三岁时教给孩子，甚至在他们读写之前。按照通常的想法，这似乎是荒谬的，但因为这时的孩子对文法十分感兴趣，年龄更大的孩子反而不如他们了。文法毕竟是语言的架构，孩子需要吸收它，蒙受其益。

我请的老师受教育不多，他们发现孩子十分渴望学单词，因此他们知道多少就教孩子多少。当老师的词汇用尽时，就到我这里来寻求更多。我们就想试验看看，他们是否能接受理解深层次文化所需的单词，如多边形、梯形等不同几何图形的名词，以及其他同等难度的单词。孩子竟然在一天内轻松地学会了。然后我们就介绍科学实验的器材，如温度计、气压计，以及生物学方面的名词，如花瓣、萼片、雄蕾、雌蕾等。他们都热衷地学，还想跟我们学更多。三岁到六岁是一个对单词无止境地渴求的阶段，无论多长的或复杂的单词，对他们都不是问题。我们按照学科分门别类地介绍单词给他们，如动物学、地理学等。难点反而在教师身上，他们对那些名词十分陌生，很难记住它们的意义。

孩子对实物的概念，已渐渐能超越眼前的限制而具有想象力。他们在游戏当中可以把桌子当房子，把椅子当马，能幻想仙女或仙境的样子。如果有地球仪的帮助，他们也能想象美国或世界的景象。六岁的孩子常在地球仪前一起讨论，有一个不到四岁的孩子跑过来说："让我看一下！这是世界吗？哇！现在我知道我叔叔环绕世界三次是怎么回事了！"他已了解到地球仪只是个模型，真正的世界是无限大的。

一个不到五岁的孩子也想要看看大孩子正在玩的地球仪。大孩子们正在谈论美洲，没人注意他，直到他插入讨论。"纽约在哪里？"他突然问道。大孩子们指给他看。他又问："荷兰在哪里？"荷兰正是那时我们开展工作的国家。当他们把荷兰指给他看之后，他接下来指着地球仪上蓝蓝的部分说:"那么这一定是海。我爸爸一年去两次美国，住在纽约。当他出发以后，妈妈说爸爸正在海上，过了一阵子，妈妈又说他已经在纽约了。现在他又在海上，过不久我们要去鹿特丹和他会面。"他已听过很多很多关于美国的事，现在终于发现它在哪里，所以他感觉很快乐，在他的心智地图上又找到一个定位点，如同原先在外界物理环境中找到的定位点一样。他要建立他自己的心智世界，于是先从家里的长辈那里搜集许多词语，再用他的想象力拼凑起来。六岁以下孩子的想象力一般都耗在玩具或童话故事上，但是我们的确可以使他们想象出真实的事物，让他们置身于周围更真实的环境中。

这个年龄的孩子的另一个众所周知的特征是，他们总是爱提问题，总想探寻事情的真相。大人应该对这些问题表示兴趣，不要认为这些问题不可理喻，因为我们正面对一颗求知的心。但孩子也无法接受冗长的解释，他们只需简单的答案，尽可能用实物来说明，如同用地球仪来回应孩子的地理问题一样。

教师要有特别的准备，因为不是单单逻辑思考就能解决孩子的问题。我们必须了解孩子前期的发展，放下我们先入为主的观念。看顾三岁到六岁孩子的心智需要大量的机智和技巧。值得庆幸的是，孩子从环境中学习的更多，而不是从老师那里学。老师只需站在一旁，孩子需要时才给予帮助就够了。

现在我们来探讨更重要的问题——性格与道德教育。这个问题必须多角度分析。性格是无法传授的，我们只能帮助孩子塑造性格。因为这个即将在六岁终结的阶段是最重要的年龄段，孩子的性格正是在此时形成，而且性格的形成不是来自于外界的榜样和压力，而是由造物主自己塑造的。孩子出生后的三年时间十分重要，我们前面曾经提到过，有许多因素可以改变孩子的性格，甚至那时孩子的性格已从重重障碍中或从摆脱这些障碍中被塑造出来。如果孩子在受孕、孕育、出生与产后的完整过程中都受到仔细的照顾，到了三岁他会是孩子中的典范。但这种情形几乎不可能出现，因为在这些过程中有太多的意外因素出现。

如果性格的缺陷是由产后的因素造成的，就没有孕育期因素造成的严重，而孕育期因素造成的性格缺陷又不如受孕期因素造成的严重。如果是产后因素造成的性格缺陷，可以在三岁到六岁期间治愈，因为这是调整与完善的时期；但如果心理或身体的缺陷是由于出生时的肌肉紧张或牵引反射造成的，或是更早期的原因，这就难以矫正。比如弱智、癫痫、瘫痪都是功能性的，我们无能为力。如果在孩子六岁以前治疗的话，非功能性的缺陷就可以治愈，否则问题会不断加重与恶化。六岁的孩子具有的一些性格特点可能并不属于他自己，这是后天经验强加给他的。如果孩子在三岁到六岁期间没有受到应有的关注，到了七岁至十二岁这个阶段就不会树立应有的道德良知，甚至可能造成智力低下。孩子一旦缺乏道德品格和学习能力，他就会成为一个满身伤痕累累、心灵处处创伤的人。在我们的学校以及其他现代化的学校中，每个孩子都有生理状况记录，我们可以了解他们在各个发展阶段的问题，而据此作处置的判断。我们会询问：孩子是否有遗传性的疾病；孩子出生时父母的年龄；怀胎期间孩子的母亲是否遇到意外事件，或神经是否受过创伤；生产过程是否顺利，孩子是否健康，或是否在生产时遭受过窒息；家庭方面，父母或保姆是否很严厉；孩子是否有受惊吓的记录。这份问卷十分重要，因为几乎所有孩子到我们这里来时，都带着怪异或顽皮的性格，这必须溯源究因，进行了解后才能给予治疗。

这些脱离常态的偏差行为逐渐成为人们常模糊使用的

性格概念的一部分，它们大约可分为两类：比较坚强的孩子战胜困难，而比较懦弱的孩子则会选择屈服于这些困难。坚强的孩子随时会发脾气、反抗与破坏，贪得无厌地占有、自私、心不在焉、胡思乱想或做白日梦。这些孩子时常大喊大叫，爱戏弄或虐待小动物，总是馋嘴好吃。懦弱的小孩儿较被动，其偏差行为属于消极的，比如行动慢吞吞的、发呆，以哭泣方式要胁、凡事依赖、怕陌生人、总是缠着大人；经常要人陪他，但很快又觉得无聊、疲倦。他们甚至有撒谎、偷窃的毛病，这些从本质上说是一种自我防卫的体现。

甚至有些疾病伴随这些症状出现，其根源是心理问题，不可与真正的生理疾病混淆。有的孩子缺乏食欲，有厌食症；有的刚好相反，有贪食症，以致不消化或消化不良。他们常做噩梦、怕黑，以致影响生理健康，并引起贫血症。这些没有药物可以治疗，因其病源是心理性的。

小孩儿如有这些问题，尤其是激烈型的，常常是父母的噩梦。他们仿佛是烫手的山芋，能被交送到托儿所或学校去最好。但会产生虽然父母健在，但孩子却不得不在托儿所里像孤儿一样生活的情形。有的父母采取严厉的管教方式，如掌掴、责骂、不准吃饭就赶上床，而孩子可能变本加厉，或转为消极的抵抗。然后父母又采取劝说方式，动之以情："你为什么使妈咪伤心？"这些都是没有效果的。消极、退缩型孩子的父母倾向于任凭孩子无所事事。母亲可能还认为她的孩子很乖、很听话。当孩子总是缠着她，没有她陪伴就不肯睡觉时，她认为这是他很粘自己的表现。但不久她便发现，她的孩子在走路与说话方面的发育比别的孩子迟缓。虽然也很健康，但很胆小、食欲不佳，要靠一直讲故事来哄他。她安慰自己说，这是个神经质的小孩，将来可能是个诗人或圣贤，但不久就需要请医生开药方。这些心理疾病为家庭医生带来了财富。

我们早期学校之所以出名的原因之一，就是使这些孩子的缺陷性症状消失。关键就在一件事——我们的孩子可以自由地在为他们预备的环境中完成他们的工作，这些经验能滋养他们饥饿已久的心灵。一旦兴趣引发出来，孩子一遍又遍地练习，其专注性可以从一个工作转移到下一个工作。当孩子已经能因兴趣的吸引而达到专心的程度时，缺陷性症状便一个个消失了。杂乱的班级变得有秩序起来，因为被动的孩子以及捣乱的孩子都变成了秩序的维护者。这一切证明这些缺陷性症状不是孩子的本性，而是环境造成的。因此，我们建议母亲要让孩子做自己感兴趣的事。

当他开始工作以后，不要任意打断他。糖果、严酷的态度以及药物都没有用。我们既不要对有问题的孩子过于怜悯，也不能称他为白痴。因为当他需要精神食粮时，这些做法有害无益。人天生是智慧的生物，他对精神的需求远大于物质。人不像动物，他必须从生活与相关的经验中建构自己的行为，如果他一旦踏上这条生活的正轨，一切将会顺风顺水。

Part 12
纪　律

孩子穿梭不停，自由地找事情做，每个人都专心于不同的事情，然而整个团体表现得十分有纪律。其中的秘诀是：给孩子自由，就会有纪律。不需要成人来做行为的指导或顾问，只要给孩子工作的机会，而这些机会以前是被剥夺的。

已经确定无疑的是，道德教育就是性格的发展，而性格发展中的缺陷不需要说教与惩罚，甚至不需要树立模范榜样就可以矫正过来。这同样也无需威胁、利诱，只要给孩子准备好生活条件。

除了一般所谓的乖巧的孩子和顽皮的孩子外，人们还发现了第三类孩子。他们十分健康，有丰富的想象力，被家长称为特别聪明的孩子，甚至被冠以优等生的称谓。在我的学校所看到的是，当孩子专注于他感兴趣的工作时，这些特点都彻底消失。所谓乖巧的、顽皮的、优秀的孩子都融为一个类型，在他们身上彻底看不到这些特征。这表明这个世界迄今为止还没有评判好坏的能力，它的评判通常都是错误的。所有孩子的真正目标就是：一心一意投入工作，且自发选择工作，无需老师的指导。按照内在的指引，他们各自专注于不同的工作。这些工作给他们带来平和与快乐，然后发生了前所未有的事情，孩子们都开始自觉遵守纪律。这比书写的爆发更令参观者吃惊：孩子穿梭不停，自由地找事情做，每个人都专心于不同的事情，然而整个团体表现得十分有纪律。其中的秘诀是：给孩子自由，就会有纪律。不需要成人来做行为的指导或顾问，只要给孩子工作的机会，而这些机会以前是被剥夺的。

起初这种做法看似不可能。一间教室里的四十个儿童在没有教师监督的情况下安静工作，他们的年龄参差不齐，从三岁到五岁不等。新闻报导称，如果这是真的，简直是太不可思议了，结果令人不敢相信。参观者想揭穿我到底在玩什么把戏，因为他们坚信我是在玩戏法。有人说这是我个人魅力或是催眠术带来的结果，但是我告诉他们，当纽约出现这种现象时，我人在罗马！这不是孤立事件，而是普遍发生在我们各地的学校，已扩散到美洲、新西兰、法国及英国。其他的怀疑者坚定地说，老师已训练过孩子如何应付参观者，或者使孩子看他的眼神行事。但是从各国收集的证据表明，这个现象背后的共同因素就是这些“走上正轨的”孩子具有令人惊叹的纪律。“走上正轨的”孩子是对在我们的学校取得进步的孩子的称谓，与偏离正常教育轨道的孩子相比较而言。

在我的第一所儿童之家，所有的孩子均来自一个低收入群体的公寓。阿根廷驻意大利大使也是怀疑者之一。他刚好在罗马，想亲自访问学校，但希望以不提前告知的方式来访，使学校无法专为参观而预先做准备。他把他的意愿告诉意大利教育部长的女儿，她答应陪同参观并且不通知学校。他们忘记那一天是星期四，刚好是意大利的假日，学校是不上课的。但有一个很小的孩子走上前来，问他们是否需要帮忙。他大概只有四岁。一般来说，这个年龄的穷人家的孩子不太敢和陌生人讲话，但他表现得自然大方。他们告诉这个孩子想看看学校，可惜学校不上课，孩子却说:“没关系！管理员有钥匙，我们小孩子都住在这里，我去叫他们。”令这两位来宾吃惊的是，孩子都自发到齐了，并开始热心地工作，虽然老师不在却秩序井然。这位大使终于承认没有比这更能叫人信服的了，此后他也成了一位蒙台梭利教学法的坚定信徒。

另一个同样的情形出现在旧金山世界博览会，当时正值巴拿马运河的通航典礼。在教育馆里有一间小的蒙台梭利教室，四面是玻璃墙，使参观者可以从外面看到里面的活动，不致因进进出出而干扰到孩子。当时担任老师的是帕克赫斯特（Helen Parkhurst）女士，教室晚上锁着，由负责人保管钥匙。有一天负责人因为临时有事未能按时到达，老师、孩子以及观众都在外面等待。等了许久，帕克赫斯特说:“孩子们，我们今天恐怕不能进去工作了。”但有一个孩子注意到一扇窗子是开着的，于是说道:“如果把我们抱起来，我们就可以从窗子爬进去工作。”窗户的尺寸只适合孩子，所以帕克赫斯特说:“你们进去没问题，可是我进不去。”“没关系！你不用工作了，你就坐在外面和其他人一同看着我们。”孩子回答道。困难就这样被克服了，这种教学法获得了空前的好评。

孩子只有到六岁才能从道德教育中受益，因为六岁至十二岁的孩子，其良知才开始觉醒，并开始热衷于讨论对与错的问题。如果在孩子十二岁至十八岁时，能激发他们宗教或爱国的情操，效果就会更好。

先入为主的有关性格塑造的观念，主要是意志与服从的关系问题。这种观念是要约束孩子的意志，代之以成人的意志，要求孩子服从。这些话题十分混淆，需要予以澄清。生物学研究告诉我们，人的意志是宇宙力量的一部分，叫做荷尔美（Horme）。它不是物理的能量，而是生命进化过程中宇宙的能量。进化是有规则的，而不是偶然或突发的。作为这种力量的彰显，人的意志必须用来塑造自己的行为。当孩子一旦进行一些活动，他的意志就进入意识的层面，因此只有借助经验才可以做到。孩子顺着自然本性其实就是在遵守自然法则。如果把孩子的随意的行为都看作是有意的扰乱或暴力，这就是错误的。那些行为并不是孩子意志的表现，因为它们是在荷尔美的范畴以外，正如同我们误把一个人抽筋时的扭曲动作当作是他的意志行为一样。如果我们把所有孩子或成人的失调行为都看成是意志驱动的话，自然会认为这样的意志要受到限制或削弱，从而使孩子服从。一位大教育家曾说过:“教育的本质可以用一个词概括——服从。”按照人类的逻辑，要使孩子服从，他才能学会所有美德，然后方能力行这些美德。如果遵循这个思路，仿佛孩子基本的罪行就是叛逆，这个问题反而不易解决了。

我很高兴这个问题并不是无法解决的。扰乱或暴力并不是人的意志的表现，那是遭受痛苦或自然成长规则被违反的表现。击破意志是瞬间的事，但培养它可是漫长的过程，因为它是逐步成长起来的，并有赖于环境给它协助。

这漫长的意志发展过程正如纺纱，在不断扩大的范围中给它活动的机会，这意志的纱线就会越来越坚韧。所有的活动都必须有一个中心目标，就像摆设桌子或分配食物，孩子的自由意志被不断地导向同一个目的：我们的社会是依靠意志而凝聚的，甚于因同情心的凝聚。情感不是首要的，意志才是凝聚的力量，当所有人都想着或心口合一地要做同一件事情，协作就产生了。这不是由于冲动，而是出自冷静的行为，是一件相当奇妙的事，但是意志必须首先在各个孩子内心中发展起来。

在我的第一个学校发生了一件令人惊奇的事，它形成了静默游戏（Silence Lesson），为我们的教育方法作出了实际贡献。有一天，我走进一间教室，孩子们正专注于学习。他们的意志已经得到发展。我抱着一个四个月大的婴儿走进了这间有四十五个小朋友的教室。按照意大利人的习惯，他们总是将婴儿的双腿紧紧用衣物包裹起来，所以婴儿是安静不动的。我把婴儿抱给他们看，并且说："这里有个小客人，看他多安静。我想你们不可能这样安静！"我想他们会被我的玩笑逗乐，但是每个人都变得严肃起来，立刻把双脚并拢，静止不动。我认为他们可能还不了解我的意思，于是我继续说："如果你们能感觉到他的呼吸的话，就知道他的呼吸有多轻柔，你们不可能像他一样，因为你们的胸膛比他宽大。"现在我想他们该笑了，可是还没有。他们的脚仍然静止不动，甚至也尽量控制他们的呼吸，变得很小声，每个人都很认真地看着我。然后我说："我要静悄悄地走出去，但是这个宝宝会比我更小声。看他多安静，一点不吵闹。”我把婴儿递给孩子的母亲，回到教室，发现他们仍然站着不动，脸上的表情好像在说：“看！弄出一点声音的是你，但是我们可以像小婴儿一样安静。”所有的孩子都同心同力，迫切地想做同样的事，结果就出现了一个有四十五个孩子，但却既平和又宁静的教室。大家一定惊讶这么好的纪律是怎么做到的，事实上我的原意是要让他们笑。这种寂静十分惊人，我不得不感叹到：“真是万籁俱寂呀！”孩子似乎也能感受这种情境，继续保持安静，没有喘气声。然后我开始听到从前听不到的声音，譬如时钟的滴答声、室外水龙头的滴水声、苍蝇或蜜蜂的振翅响声等。正是这种寂静为孩子带来极大的快乐，也因此衍生出我们学校的一大特色。由此可以衡量出孩子意志的力量，借助这种练习，孩子的意志变得更坚强，静默的时间变得更长。不久我们又增加一项内容，就是以十分轻柔的声音呼唤孩子的名字，在听到呼唤后，孩子要静悄悄地来到前面，其他的小朋友继续保持安静。每个小朋友都用尽全力非常小心地、慢慢地、避免发出任何声音。最后轮到的小朋友还得耐心等待。这些孩子表现得似乎比大多数成人有更多的自控力，这是意志与自控带来的服从。

我带婴儿走进教室无意间制造了第一次静默，但我不能每一次都依靠同一个访客来重复这个游戏。我发现最好的方法是问他们："你们想不想再创造一次静默呢？"他们立刻热烈地回应，我发现我一旦发出命令，他们就会服从。与一位已经教书十年的教师交流，其间颇多有趣的关联。老师发现指令发出之前一定要很小心，譬如"晚上回家前要把东西收拾好"，这句话还没说完，孩子就开始行动了。每一个指令发出后他们都会有同样的反应，所以她每次说话都感觉责任重大，因为孩子的反应太快了。真正的服从是意志发展的最后成熟阶段的结果。只有意志得到发展才有服从的可能性，所以优秀的教师反而十分小心翼翼地避免肆意利用孩子的服从。一位领导者应该常想到他的责任，而不是他的权威。七岁以后的孩子需要这样的领袖，而在此之前他们有社会的凝聚力。

服从的养成可以分为三个阶段：

- 身体上有能力做到。但可能今天服从，明天又不服从，不是出于恶意，只是缺乏完全的发育。
- 能经常自觉服从。
- 最高形式的服从——迫切、热心、快乐的服从，这在成人中也少见。

如果孩子因为害怕而执行教师的意志，或是由于感情所迫，那么他的执行毫无意志可言。通过压制而获得的服从是一种真正的压迫，一般学校的服从大多都是这种服从。但培养纪律的策略应该是发展成熟的意志以获得服从。这是建立在凝聚的社会之上的，是通往组织化社会的第一步。

社会的凝聚可比作纺线的材料。个性的线条逐次排列并固定在一处，显得井然有序。在我们的学校中，环境就是固定孩子“线条”的地方。当他们六岁之后，又有其他一条线来回穿梭将这些线条编织在一起。一旦他们编织在了一起，就不再需要支撑。因此，我们对于社会胚胎学的自然过程得以洞察。通常我们把社会当作是建立在政府与法律基础之上的。从儿童身上我们看到，首先必须要有意志发展成熟的个体，然后在组织之前，先号召他们聚在一起。起初需要借助意志的力量，接下来是感情的凝聚，最后则是意志的凝聚。

Part 13

蒙台梭利教师的条件

我们提到的所有活动都是蒙台梭利教师在事先积极主动准备和指导的结果。之后教师的悠闲与被动是成功的标志，表示任务的顺利完成。蒙台梭利教师已经把他们的班级带到一个新阶段，在这个阶段他们可以说："不管我在不在，课程照常进行，这个团体已经完全自立了。"

有人认为蒙台梭利教学法对教师的要求不高，这是一种肤浅的看法。教师应当尽量避免干预孩子，让他们自己进行活动。但考虑到教师上课所用的材料，其质量、材料的使用次序以及材料使用的细节问题，教师的工作既紧张又复杂。并不是说传统教师有比较主动的地方，蒙台梭利教师就比较被动；事实上我们提到的所有活动都是蒙台梭利教师在事先积极主动准备和指导的结果。之后教师的悠闲与被动是成功的标志，表示任务的顺利完成。蒙台梭利教师已经把他们的班级带到一个新阶段，在这个阶段他们可以说:“不管我在不在，课程照常进行，这个团体已经完全自立了。”达到这种成功，教师必须沿着一条正确的道路不断发展提高自己。一位普通的教师不能被改造成一名蒙台梭利教师，他必须被全新塑造，抛弃所有教育的偏见。第一步是预备想象力，因为蒙台梭利教师必须在没有见到小孩之前就用想象力去了解一个小孩。具体地讲，就是他坚信孩子会通过工作来展现自己。即使有各种“脱轨行为”的孩子来到他面前，都不能动摇他的信心；这些孩子在他的眼中只是具有不同的精神气质而已，他相信一定会看到孩子在被有趣的工作吸引后而展现其天性，他等待孩子出现专注于活动的迹象。

就这项工作而言，有以下三个发展阶段。

1. 作为一个学习环境的管理者与维护者，教师应专心做好他的工作，不必受困于孩子的问题和相应的困难。要相信环境必能使孩子痊愈。环境的吸引力会使孩子的意志坚定。教学所使用的教具要经常保持美观、明亮、完好无缺，带给孩子新鲜感，其配件齐全，随时可用。作为教学环境的一部分，教师本身也应富有吸引力，最好年轻端庄、衣着体面并装扮整洁；应经常保持愉快的心情，态度亲切又优雅。这是理想的标准。要随时保持完美形象也不容易，但是教师必须记得最低的限度，因为他每天所面对的孩子是不可藐视的人物，必须要理解、尊重他们。要随时注意自己的一举一动，尽可能温文尔雅，使孩子不自觉地把老师视为自己美丽的母亲，因为母亲是孩子眼中美丽的化身。

2. 在第二个阶段，教师要开始应对“脱轨”的孩子。这些孩子心思散漫，四处游荡，无法专注于任何事物。教师要善于诱导，可以使用各种技巧（唯棍子除外）来抓住孩子的注意力。教师可以做自己喜欢或不太喜欢的事，因为他现在要通过干涉而中断的是没有任何重要性的事，所以建议活动的方式是否精彩尤其重要。要尽快阻止不断骚扰别人的孩子，不必让他完成整个活动。

3. 一旦孩子的兴趣被来自实际生活的一些练习吸引起来时，教师就要退到幕后，绝对避免干扰。可有时还是难免犯错，例如经过一个原来很顽皮但现在专心于活动的孩子，教师要特意去鼓励他一下，说："很好!" 这种好意的赞美也会造成破坏，孩子可能好几个星期不再接触任何工作。若孩子碰到困难，教师不必直接告诉他如何解决问题，否则孩子会失去兴趣。孩子的乐趣就来自于克服这些困难，而不是把工作做完而已。一个提着重物的孩子并不想接受他人帮助。对他来说，即使老师只是看着他，也会使他停止工作。只要孩子专注于工作，教师就不用理会他，至少不要让他觉得老师总是在注意他。甚至当两个孩子争着要同样的东西，应尽量让他们自己去解决问题，除非他们向老师求助。当孩子已经熟练驾驭之前的活动，教师的任务就是介绍新的活动内容。如果孩子将其聚精会神完成的工作成果拿给老师看并想获得肯定时，老师就应给孩子真诚、不虚伪的称赞:“多漂亮啊!”老师要和学生一起为用专心和努力而培育出的成就之花而高兴。

蒙台梭利教师不是孩子贴身的仆人，不必替他洗澡、穿衣、喂饭。孩子必须自己学着做这些事以使自己独立。我们必须帮助孩子让他们自己去行动、自己作决定、自己来思考。这是为心灵服务的艺术。老师很高兴看到孩子心灵的真正展现，因为这也是孩子对老师信心的一种回报。这是孩子本来应有的样貌：一个不知疲倦的工作者、一个凡事尽最大努力、镇定的孩子。他会帮助弱小，同时懂得尊重别人的独立空间。事实上，这才是个真正的孩子。

我们的教师能洞察孩子的秘密，他们的知识水平远高于那些只是熟知孩子生活中表面与肤浅事实的普通教师。只有了解孩子的秘密，教师才可能对孩子有深层的爱，也许会第一次体验真正的爱。这与通过拥抱而展现的个人的爱是不同的，这种差异在孩子身上会表现出来。这种爱是孩子用他们的心灵展现出来的，因此深深震撼了他们的老师，将老师引领到一个之前从未想象过的境界。现在老师到达了这种境界并因此而快乐。以前老师最快乐的事可能是事情少、收入高，或是能运用权力、发挥影响力，他的期望可能是升任主管或督导。现在他不认为那些是真正的快乐，他向往通过孩子获得更大的精神快乐，对他来说，那就是天堂!

陈桃红、向玲、杨帆、殷海荣对本书中文版译稿均有贡献，特此致谢！

最早将国际蒙台梭利协会（AMI）引进中国的教育培训机构，专业从事：

- ◇ 国际蒙台梭利协会（AMI）职业教师认证培训
- ◇ 为中国的蒙台梭利幼儿园及教育机构提供专业支持与管理服务
- ◇ 举办国际专业学术会议，编辑、出版专业学刊
- ◇ 组织中国蒙台梭利专业教师赴海外学习、深造

International Training Center of Montessori Education of China

中国蒙台梭利国际教育培训中心

中国蒙台梭利国际教育培训中心（MTC）是国际蒙台梭利协会（AMI）官方正式授权的在华培训机构，其总部位于杭州，专业从事 AMI 职业教师认证培训以及蒙台梭利教育教学的推广、普及和改进。

AMI 是由玛丽亚·蒙台梭利博士及其子马里奥·蒙台梭利于 1929 年成立。AMI 的核心目标是保持、传播和深化蒙台梭利博士的理念和原则，促进人类的全面发展。

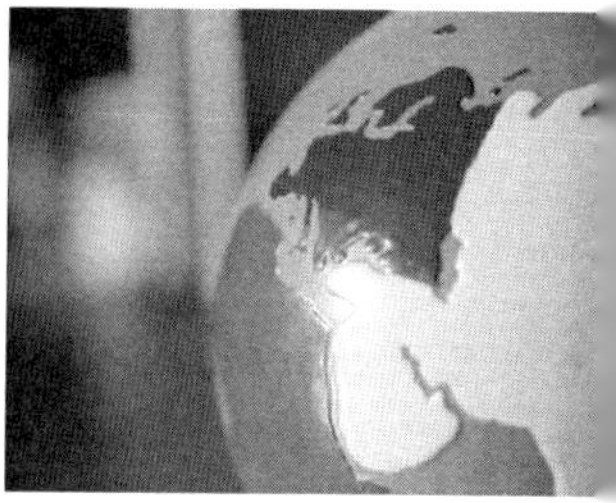

MTC 的使命

- 培训高素质的教育者；
- 为那些弱势群体和常常被排除在外的人群使用蒙台梭利方法提供更多的便利；
- 继续蒙台梭利方法的研究和学习，从而能够分析教育实践并为其提供信息支持；
- 通过拓展项目和合作关系来传播蒙台梭利原理及实践。